元禄十三庚辰年

當番請取之場所

一 西之　四谷御門　市谷御門　牛込御門

一 北之　小石川御門　筋違御門

一 東之　浅草御門　両国橋　新大橋

箱崎橋　小網町　六物橋

江戸橋　海賊橋　三十間堀

監修者――五味文彦／佐藤信／高埜利彦／宮地正人／吉田伸之

［カバー表写真］
日本橋の高札場
（『江戸図屏風』部分）

［カバー裏写真］
元禄大判

［扉写真］
元禄13(1700)年のお触れ
（『正宝事録』）

日本史リブレット 85

江戸時代のお触れ

Fujii Joji
藤井譲治

目次

お触れの時代

月に少なくとも一、二度、町内会から回覧板がまわってくる。その内容は、商品の宣伝など個別的なものから赤い羽根などの募金勧誘、町内会での催しのお知らせなどなどさまざまであるが、その中心は市役所や町あるいは村役場からのお知らせである。

近年は、市役所などからのお知らせに命令的な口調のものはほとんどみられないが、市政方針、市の決算・予算の概要報告だけでなく、市議会や県議会などで市民生活と直結する規制が決まったおりには、その内容を住民に周知徹底させるために伝えられる。

回覧板で伝えられる内容については、ひとまずおき、国・県・市などの意向

●――『正宝事録』（表紙）

▼『正宝事録』　『正宝事録』は、一九六四（昭和三十九）年から六六（同四十一）年にかけて近世史料研究会によって刊行されたが、近年、『正宝事録』にほかで確認された江戸町触《まちぶれ》を加えて大幅に増補した『江戸町触集成』二〇巻（塙書房、一九九四～二〇〇六年）、補遺編二巻（同、二〇一二年）が同研究会の手で刊行されている。参照されたい。

が町内会を介して住民に伝えられるこうしたシステムに注目すると、その成立は、近代になってのことではなく意外と古く、江戸《えど》時代のことである。

江戸時代には幕府《ばくふ》や藩《はん》の命令や禁止事項は、法度《はっと》または「お触れ」と称されたが、町や村をとおして伝えられたものの多くは「お触れ」と呼ばれていた。

一つの事柄を多くの人に伝える方式である「触《ふれ》」は、儀式や法会《ほうえ》などへの参加を知らせ確認する方法として公家《くげ》の社会や寺院の社会では江戸時代以前より使われてきた。それが庶民に対し支配者である「お上《かみ》」の意向を伝える手段として使われるようになるのは江戸時代になってからのことである。その意味で、江戸時代は「お触れ」の時代といってよいだろう。しかし、それとても江戸時代の当初からのことではない。

「お触れ」が本格的に町や村にでるようになるのは、十七世紀の半ばごろからである。江戸については、宝暦《ほうれき》年間（一七五一～六四）に江戸八丁堀《はっちょうぼり》周辺の町《まち》名《な》主《ぬし》であった岡崎十左衛門《おかざきじゅうざえもん》が編んだ『正宝事録《しょうほうじろく》』▲からそのようすをうかがうことができる。この『正宝事録』には、一六四八（正保《しょうほ》五）年から一七五五（宝暦五）年までの約一〇〇年間に江戸の町に名主を介して触れられたお触れがおさめられ、江戸時代の江戸のようすを知るうえできわめて貴重なものである。

『正宝事録』は、そのときどきに書き留められたものではなく、宝暦時点で残されていた史料から編まれたものであり、また、キリシタン改めや出替わり奉《ほう》公人《こうにん》など毎年ほぼ同時期に同じ内容でだされたお触れはそこにおさめられてはいない。こうした限界はあるものの、この『正宝事録』から江戸にだされたお触れの数▲の時期的変遷を概観してみると、全体としては徐々にふえていくが、十七世紀の半ばには二〇通前後、その後増減がみられるが、十八世紀初頭には三〇通前後、十八世紀半ばには五〇通前後、十八世紀後半には一〇〇通を超える年もみられる。

まず、本書では、お触れによる伝達が安定をみせる十七世紀最末年の一七〇〇(元禄《げんろく》十三)年を事例として取り上げることにしよう。

▼**お触れの数**　お触れの数は、史料の残り具合や、触を書き留めた触留《ふれどめ》の性格の違いによって、その数は大きく異なり、触数から江戸と京都の違いや時代の変遷のようすを安易に比較することはできないが、時代をくだるにつれてふえていった。

①——さまざまな「お触れ」——一七〇〇年のお触れ

一七〇〇年のお触れ

一七〇〇（元禄《げんろく》十三）年という年は、五代将軍徳川綱吉《とくがわつなよし》▲治世の後半にあたるが、この年、江戸《えど》の町にどのようなお触れがでたかをまずみていこう。

この年に江戸の町々にでた触《ふれ》は、表1（六ページ）に示したように三一通である。内容を大きく分ければ、生類憐《しょうるいあわ》れみ、火事・防火、風俗、酒造制限、人相《にんそう》書《がき》、訴訟日、朝鮮人参《にんじん》の売買、地所払下げ、ゴミ処理、日用座《ひようざ》、鳴物《なりもの》停止、貨幣改鋳《かいちゅう》、祭礼費用など多種多様である。なお、この表からすれば正月二十九日の触がだされて六月十五日まで触がでていないことになるが、おそらく他の年のようすからすれば、でなかったのではなく触留《ふれどめ》の不備によるものと思われる。

生類憐れみ関係のお触れ

この年最初のお触れは、綱吉の生類憐れみ政策に関するものである。一般に「生類憐れみの令《れい》▲」といわれているが、ある年にだされた特定の法令や体系だっ

▼**徳川綱吉**　一六四六〜一七〇九。江戸幕府五代将軍。家光の四男。上野国《こうずけのくに》館林《たてばやし》二五万石《ごく》の大《だい》名《みょう》となるが、四代家綱《いえつな》の後を継ぐ。生類憐れみの令をだしたことで犬《いぬ》公方《くぼう》と呼ばれた。

▼**生類憐れみの令**　「生類憐れみの令」なる呼称は当時のものではなく後年のものである。

●—徳川綱吉

●—表1　1700(元禄13)年の江戸の町にだされたお触れ

№.	月　日	お触れの内容	地域	請状	差出
1	1月29日	江戸での鳥商売停止の場所	江戸	○	
2	6月15日	火事拝借米の上納残金の取扱い	江戸		□
3	6月27日	遊女がましき者の指置きを禁止	江戸	○	
4	7月1日	当年の酒造は指示あるまで停止	全国		
5	7月6日	詮議中の欠落人の人相書	全国		□
6	7月12日	御小人目付衆の犬うつし見物禁止	江戸		□
7	7月19日	来春までの内寄合の朝の訴訟無用	江戸		□
8	7月19日	捨て子の養育方の指示	全国	○	
9	7月24日	うなぎ・どじょうの商売停止	全国	○	
10	8月9日	貸駕籠の使用制限と町人風俗統制	江戸	○	
11	8月9日	町中大八車・町中貸駕籠の極印制	江戸	○	
12	8月22日	町中大八車・町中貸駕籠の極印場所	江戸		○
13	8月24日	火の元改め役と火の用心	江戸		○
14	9月21日	当年酒造米員数を元禄11年の半分とする	全国	○	
15	10月1日	木薬屋に朝鮮人参所持量の書出しを命じる	江戸		○
16	10月3日	朝鮮人参の売買の届け出	江戸		○
17	10月7日	朝鮮人参の売買の届け出	江戸		○
18	10月12日	深川築地の地を町屋敷に払下げ	江戸		○
19	10月17日	町中よりのゴミは永代浦に船にてすてること	江戸		○
20	10月中旬	日用座頭の交替と日用値段など	江戸	—	
21	10月19日	尾張大納言逝去ニ付鳴物停止	全国		○
22	10月22日	鳥商売の場所遵守	幕領	○	
23	11月8日	銀子御払い	江戸		○
24	11月8日	銀子御払いの相場と金・銭との相場	全国	○	
25	11月9日	火事場への無用の集まり禁止，水溜桶の設置	江戸	○	
26	11月10日	神田明神神事能の費用の割付け	江戸		○
27	11月20日	貸駕籠の使用規定	江戸	○	
28	11月29日	川船役銀納高，金銀相場と納入期日	江戸		○
29	12月8日	水戸中納言逝去ニ付鳴物停止	全国		○
30	12月21日	銀子・銭の他国への売払い，高値の売買を禁止	全国	○	
31	12月28日	貸駕籠利用の禁止場所	江戸		○

『正宝事録』により作成。請状欄の○は町中連判請状。差出欄の○は差出「町年寄三人」，□は町年寄宅での申渡し。

た法令があるわけはなく、生類をめぐるさまざまなお触れの総称である。生類を憐れむようにとの主旨で最初にだされたとされる触は、一六八五(貞享《じょうきょう》二)年七月に将軍御成《おなり》の道筋に犬・猫がでてもかまわないというもので、それに続いて、馬の筋延《すじの》べ▲の禁止、江戸城台所での鳥・貝・エビ類の使用禁止をへて、八七(同四)年には重病の生類を遺棄することを禁じ、さらに江戸町中の飼い犬の調査が行われ、その範囲はさらに拡大し、牛・馬・魚・猿・鶏・亀・蛇・ネズミにまでおよび、違犯者には厳罰が科せられた。生類憐れみの令の猛威は、一七〇九(宝永《ほうえい》六)年一月十日の綱吉死去直後に「生類の儀、向後《きょうこう》御構《おかま》いこれなく候《そうろう》」という触がだされたことで終息する。

生類憐れみ政策に関するお触れは、なにをもってそれとかかわるものとするかでその数は変わるが、少なくとも一六八五年から一七〇九年までの一五年間にだされたお触れは一〇〇通を超える。

さて一七〇〇(元禄十三)年にでた生類憐れみ関係のお触れは、五通みられる。一通目は、表1№1の一月二十九日のお触れで、江戸市中で鳥の商いを「停止」(禁止)する「場所」(地域)を触れたもので、内容は前年の閏《うるう》▲九月に触れられたも

▼**筋延べ**　尾や腹の筋を切り馬の姿をととのえる。

▼**閏**　太陰暦で一年の日数を調節するためにもうけられた月。

のを再度触れたものである。一見生類憐れみとは関係ないようにも思われるが、生類憐れみ政策の流れのなかにおくとそれに関係するお触れであることがわかる。五通目の№22の十月二十二日のお触れも、鳥商売の場所の遵守と鳥の持歩き商売の禁止を触れたものである。

二通目は、№6の七月十二日のお触れで、一六九五(元禄八)年に中野《なかの》に設けられた犬小屋▲に収容する野犬の小人目付《こびとめつけ》▲衆《しゅう》による捕り物見物を禁じたものである。ただ、このお触れは、町年寄《まちどしより》の喜多村《きたむら》の宅で町々の名主《なぬし》に申し渡されたもので、厳密には触とはいえない。

三通目は、№8の七月十九日の捨て子に関するお触れである。捨て子に関するお触れを綱吉の生類憐れみ政策のなかにいれるかは一七〇九年の生類憐れみの令停止後も存続するのでその位置づけには注意が必要であるが、他の生類憐れみの令とほぼ同じ一六八七年にはじめてだされており、広い意味で綱吉の生類憐れみ政策の一環に位置づけられるものである。内容は、従来より捨て子は禁止されていることをまず述べ、ついで養育しがたきときは奉公人《ほうこうにん》はその主人、幕府《ばくふ》領の村々は代官《だいかん》、私領の村は名主・五人組《ごにんぐみ》、町方《まちかた》は名主・五人組へ届け出、

▼**中野の犬小屋**　一六九五(元禄八)年に五代将軍綱吉が、犬愛護を目的に江戸中野に設けたもので、収容された犬の数は四万疋《ひき》を超えた。

▼**小人目付**　目付の下僚《かりょう》で、日常は変事の立会いや牢《ろう》屋敷の見回りにあたった。

●鳥売買停止場所〔No.1〕

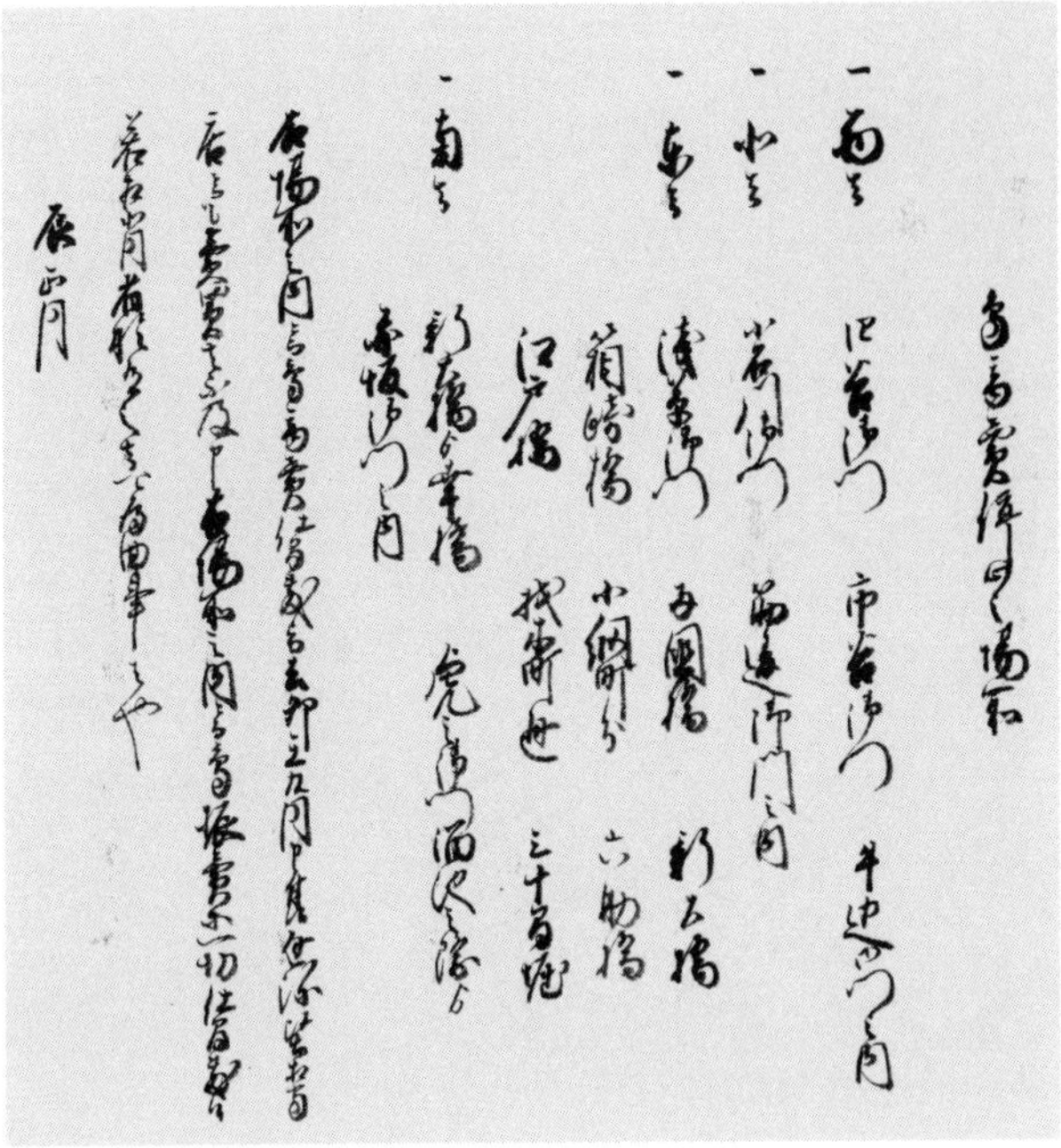

鳥商売停止之場所

一西者　四谷御門　市谷御門　牛込御門之内

一北者　小石川御門　筋違御門之内

一東者　浅草御門　両国橋　新大橋

　箱崎橋　小網町分　六助橋

　江戸橋　材木町通　三十間堀

一南者　新大橋ゟ幸橋　虎之御門溜池之際ゟ

　赤坂御門之内

右場所之内ニ而鳥商売仕間敷旨、去卯壬(閏)九月申付候通、弥堅相守

店ニ而も売買者不及申、右場所之内ニ而鳥振売等一切仕間敷候、

若相背者於有之者可為曲事者也、

辰正月

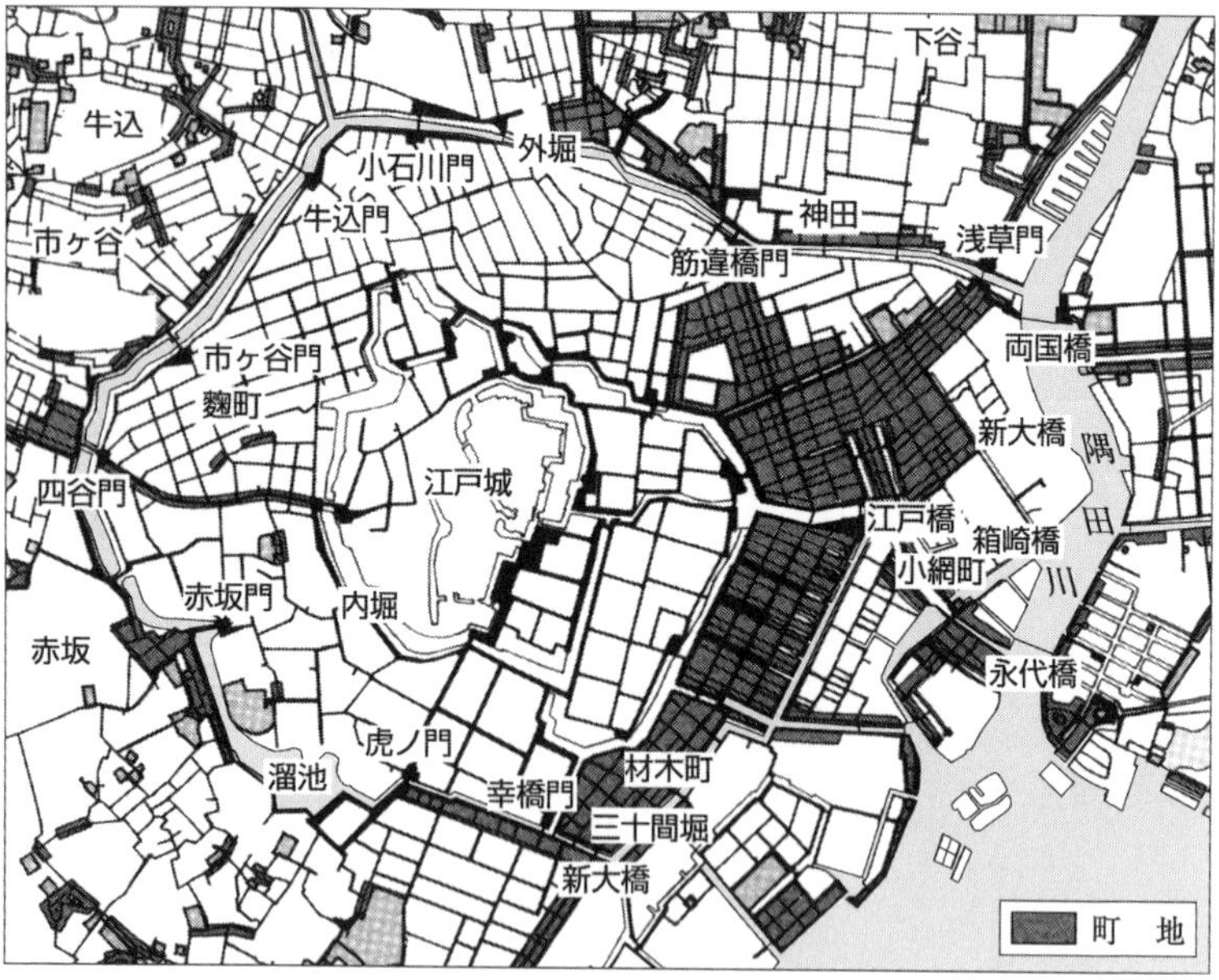

●——元禄期(1688〜1704)の江戸

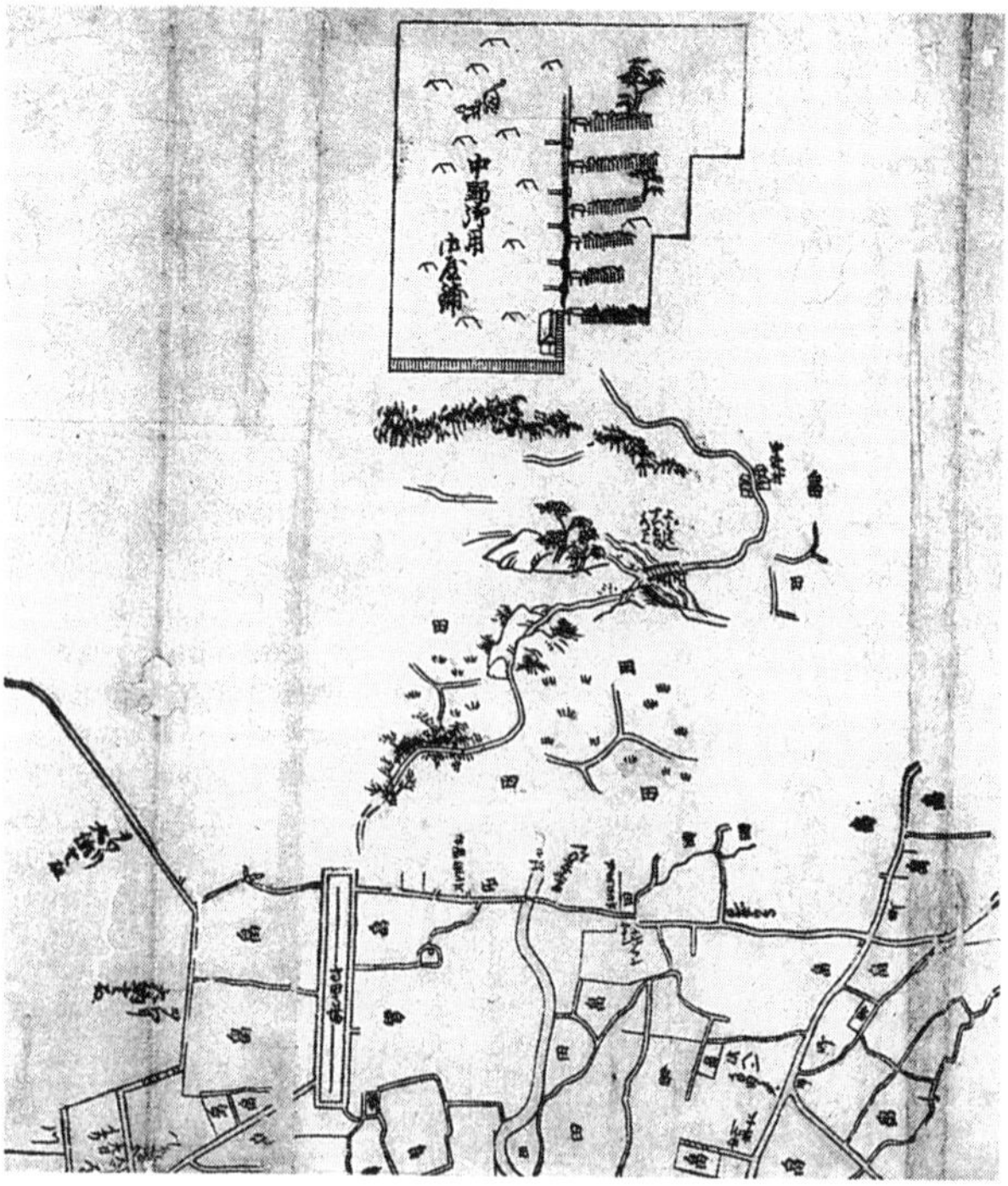

●——中野犬小屋(「元禄九年江戸図」)

そのところにおいて養育するように指示した触である。
四通目は、№9の七月二十四日にでたお触れである。本文をあげよう。

> 惣而《そうじて》生キ魚商売の儀、最前これを停止《ちょうじ》仰せ出され候、うなぎ・どせうも生魚の事に候あいだ、向後商売停止ニ候あいだ、若《も》しこれ以後売り候ものこれあるにおいては曲事《くせごと》たるべく候、その所の名主・五人組まで越度《おちど》に候条、右の趣、急度《きっと》申し渡さるべく候、以上、
>
> 辰七月廿三日

内容は、生きた魚を商売することは、以前より禁止されてきたところだが、うなぎやどじょうも生き魚であるので、今後その商いは禁止する、もし今後も売る者があれば曲事であり、商った者の住む町の名主・五人組も「越度」(過失)とするので、このことを厳しく申し渡すように、というものである。このお触れもまた一連の生類憐れみ政策強化の流れに位置づくものである。

金銀改鋳に関するお触れ

綱吉政権期の主要な政策として生類憐れみの令がよく知られているが、もう

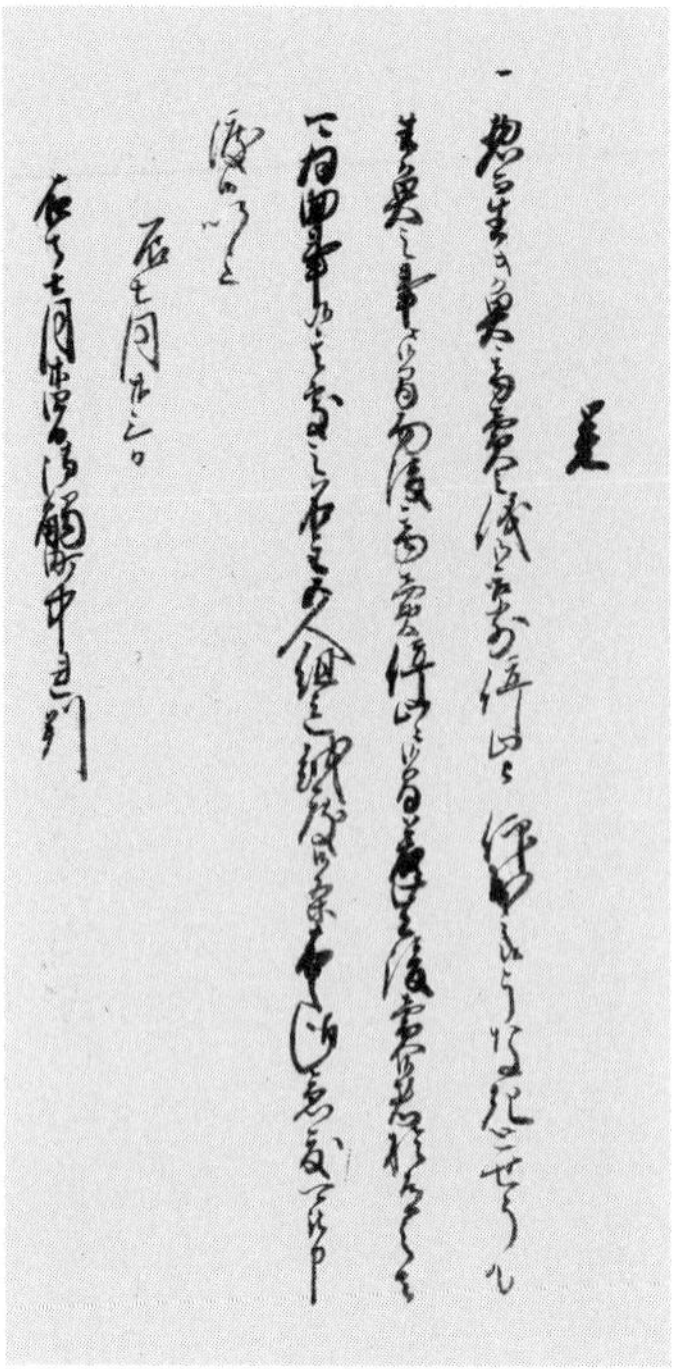

●―うなぎ・どじょう商売停止のお触れ〔No.9〕

覚
一物而生キ魚商売之儀、最前停止被仰出之候、うなき・とせうも
生魚之事ニ候間、向後商売停止ニ候間、若此已後売候者於有之者
可為曲事候、其処之名主・五人組迄越度候条、右之趣、急度可被申
渡候、以上、
辰七月廿三日
右者七月廿四日御触、町中連判

●―金座端《はた》打《う》ち場(『金座絵巻』部分)

一つは貨幣改鋳、悪鋳に関する政策である。元禄の改鋳は一六九五(元禄八)年に幕府財政の補塡策と市場の貨幣流通量の増加をめざして行われた。元禄小判《こばん》は慶長《けいちょう》小判に銀を加えその量を一・五倍に、元禄銀は銅を加え慶長銀の一・二五倍に量を増した。銀はその後も悪鋳を重ねるが、改鋳後その交換は容易には進まず、また市場での混乱がしばしば起こった。

一七〇〇(元禄十三)年にでた貨幣改鋳・交換に関するお触れは四通ある。№23の十一月八日のお触れは、改鋳された銀を十一月十日より銀座で払い下げることを触れたもので、№24は同日、これに関連して、金一両《りょう》＝銀六〇匁《もんめ》＝銭《ぜに》四貫文《かんもん》での取引を命じるとともに、一定の利潤を両替屋に認めることを触れたものである。

№28の十一月二十九日のお触れは、銀の改鋳にともない江戸の川船がおさめる役銀の金銀比価を指示したものである。№30の十二月二十一日のお触れは、銀子《ぎんす》・銭の払下げがなされたが、いまなお払底《ふってい》しているので、他国へ銀・銭を売りつかわしてはならず、また銀・銭の売買にあたっては御定《おさだめ》の値段より高値にしてはいけないと命じている。

●——貨幣改鋳・交換〔No.28〕

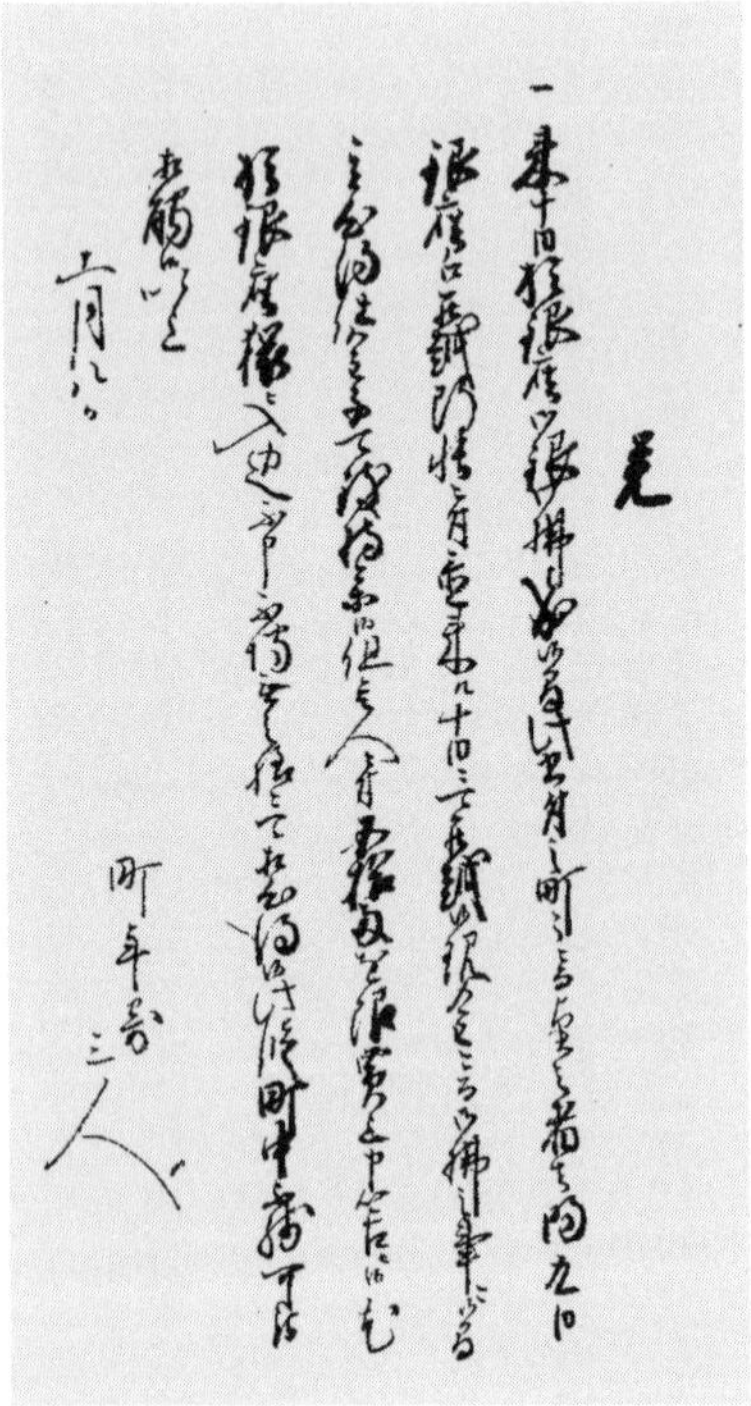

覚

一来十日於銀座御銀御払被成候間、此書付之町々ニ而望之者者、明九日
銀座江罷越断帳ニ付置、来ル十日ニ可罷越候、現金ニ而御払之事ニ候間、
其心得仕金子可致持参候、但壱人ニ付五拾両を限買上申筈ニ候、尤
於銀座猥ニ入込不申不埒無之様ニ可相心得候、此段町中不残可被
相触候、以上、

十一月八日　　　　町年寄三人

酒造統制に関するお触れ

綱吉政権期の政策としてあまり知られていないものであるが、経済政策として重要なのが酒造制限に関するものである。この年にも二通の酒造制限に関するお触れがでている。

№４の七月一日のお触れは、当年の酒造は追って申し渡すまで行わないよう命じたものである。二通目は、№14の九月二十一日にでたお触れである。その本文は以下のようなものである。

覚え

一当辰年(元禄十三年)酒造米の儀、去々年寅年造り高の員数半分の積もりこれを造るべく候、前々相触れ候通、寒造《かんづく》り▲のほか、新酒いよいよ堅《かた》く停止たるべく候、定のほか、隠し候て酒造候者これなきよう、急度申し付くべく候、

以上、

辰九月日

内容は、当年の酒造については一六九八(元禄十一)年の酒造高の半分のつもりで行うように、また以前にも触れたように「寒造り」のほかは新酒をつくって

▼**寒造り**　酒を寒中に醸造すること。これ以前、酒は季節を問わずつくられていたが、米の不足する時期の酒造が禁じられ、寒につくられるようになった。

●──伊丹《いたみ》酒造の酛《もと》仕込み工程（『山海名産図会《さんかいめいさんずえ》』）

●──酒造半造り令〔No.14〕

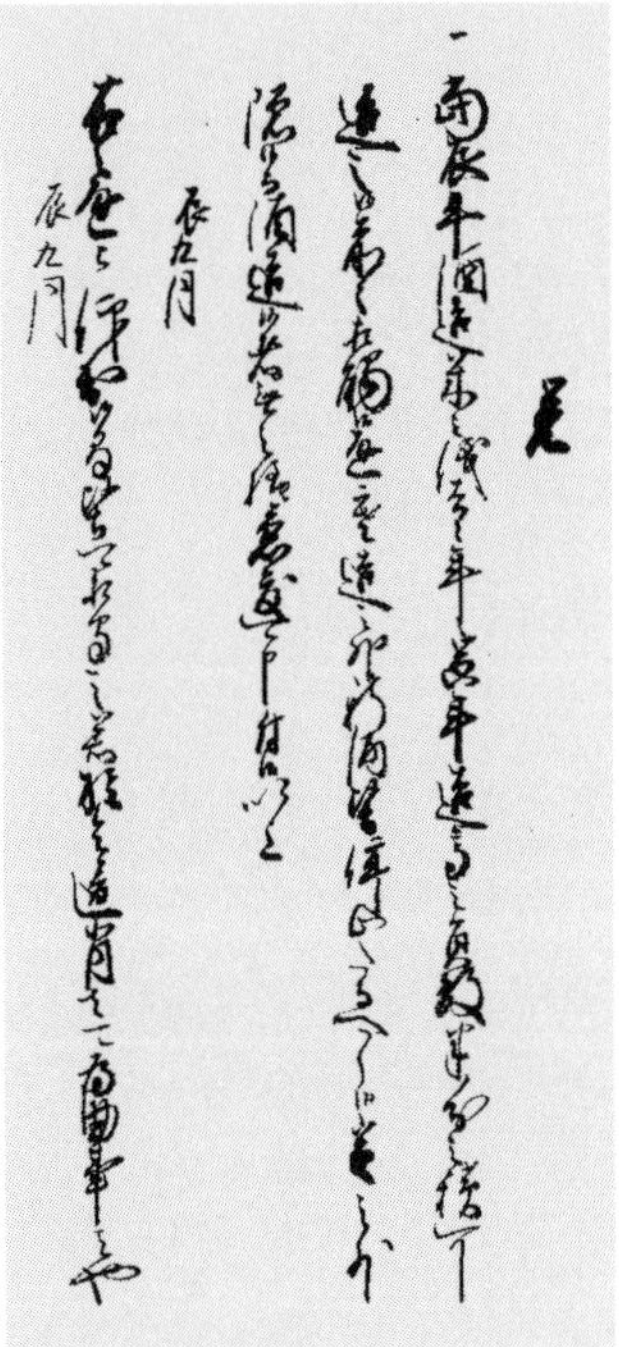

覚

一当辰年酒造米之儀、去々年寅年造高之員数半分之積可
造之候、前々相触候通、寒造之外、新酒弥堅停止たるへく候、定之外、
隠候而酒造候者無之様、急度可申付候、以上、

辰九月

右之通被仰出候間、堅可相守之、若於令違背者可為曲事者也、

辰九月

はならない、決められた以外、密かに酒をつくる者のないよう、厳しく申しつけるように、ということになる。

江戸幕府の酒造制限は、一六四二(寛永《かんえい》十九)年にまず幕府領、ついで全国を対象に在方《ざいかた》の酒造を禁止したのに始まる。しかしこのときの在方酒造禁止は、寛永末年の大飢饉《ききん》への一時的対策であり永続的なものではなかった。ついで一六五八(万治《まんじ》元)年、前年の明暦《めいれき》大火後の米価騰貴を押さえるために酒造半減が命じられた。半減令は一六五九(万治二)年、六〇(同三)年と続く。その後しばらく解除されるが、一六六六(寛文《かんぶん》六)年に耕作損亡を理由に酒造米高の半減を命じ、その後はさらに制限を強化し、八一(天和《てんな》元)年には六五(寛文五)年の三二分の一にまで制限を強化した。こうした酒造制限の強化策は、拡大した江戸における食料としての米需要の確保に一つの目的があった。一六八三(天和三)年には八分の一と制限をゆるめるが、その後の制限は曖昧なものとなる。一六九九(元禄十二)年には九八年の五分の一造り、翌一七〇〇(同十三)年は二分の一造り、〇一(同十四)年以降は五分の一造りが命じられている。このお触れは、こうした流れのなかでだされたものである。

火事・防火に関するお触れ

火事や防火に関するお触れは、江戸時代を通じてもっとも頻繁にだされたお触れである。とくに一六五七(明暦三)年の江戸大火以降、町々に防火用水としての水溜桶《みずためおけ》▲の設置や、火事場への参集の制限、日常の火の用心など、繰り返し触れられた。

№2の六月十五日のものは、町年寄樽《たる》屋《や》のもとで町々の名主・月行事《がちぎょうじ》に申し渡されたもので、厳密には触ではないが、内容は、江戸で起こった火災で「弐度焼・三度焼」にあった者へ貸しだされた拝借米《はいしゃくまい》(一六九九〈元禄十二〉年二月二十三日、火災にあった町人に三万俵を恩貸)の返済を指示したものである。№13の八月二十四日のお触れは、火の元改めの役人が命じられたことを触れるとともに、火の用心を命じたものである。№25の十一月九日の触の本文は以下のとおりである。

覚え

一火事場へ無用のもの相《あい》集まるまじき旨、前々相触れ候へども、今もって火事場へ猥《みだ》りに人多く相集まり候間、向後往行の障《さわ》りに相なり候はば、

▼水溜桶　防火用の水を溜めておく桶で、江戸の各町に設けられた。

火事場への無用の集まり禁止〔No.25〕

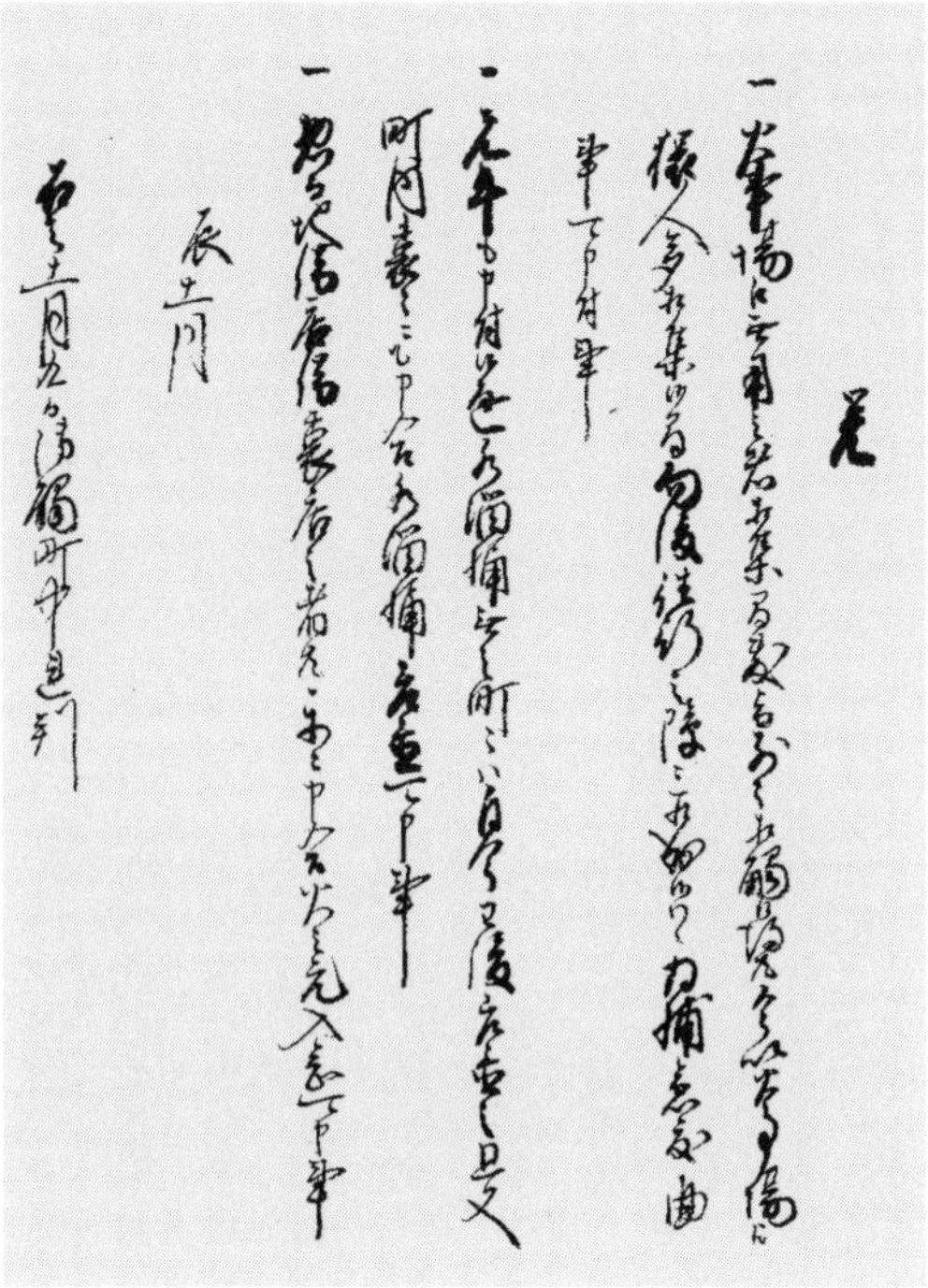

覚

一火事場江無用之者相集間敷旨、前々相触候得共、今以火事場江猥人多相集候間、向後往行之障ニ相成候ハヽ、為捕、急度曲事可申付事、

一先年も申付候通、水溜桶無之町々ハ、自今以後差置之、且又町内裏々ニも申合、水溜桶指置可申事、

一惣而地借・店借・裏店之者共、互ニ申合、火之元入念可申事、

辰十一月

右者十一月九日御触、町中連判

大通りに設置された水溜桶(『江戸名所《めいしょ》図会《ずえ》』)

捕らえさせ、急度曲事に申し付くべき事、
一先年も申し付け候通り、水溜桶これなき町々は、自今以後《じこんいご》これを差し置き、かつまた町内裏々にも申し合わせ、水溜桶指し置き申すべき事、
一惣《そう》じて地借《じか》り・店借《たな》り・裏店《うらだな》のものども、互いに申し合わせ、火の元念を入れ申すべき事、
辰十一月

内容は、火事場へ無用の者が集まることを禁じ、あわせて水溜桶がない町々にはその設置を命じ、地借り・店借り・裏店の者はたがいに申しあわせ火の元に気をつけるよう命じたものである。

朝鮮人参の所持調査

朝鮮人参についてのお触れは、この年三通みえる。No.15、16、17は、一連のものでいずれも江戸町年寄三人の名でだされている。No.15の十月一日のお触れは、江戸町中の木薬屋《きぐすりや》に対し、商売用に所持している朝鮮人参の数量の書上げを求め、一町切りに書きつけ、名主・五人組の連判《れんぱん》をもって明二日明《あ》け六《む》ツ▲

▼**明け六ツ**　明け方の六つ時。季節により前後するが、現在の午前六時ごろ。

までに町年寄の一人喜多村まで提出するよう命じている。№16の十月三日のお触れは、朝鮮人参を商売するときには喜多村へ届け出、売り手・買い手両者の証文を作成して行うよう指示している。№17の十月七日のお触れは、朝鮮人参を買い求め、また売り払った者はその重さを書きつけ、喜多村のもとに差しだすよう命じている。

これらのお触れがだされた背景には、元禄金銀の悪鋳による朝鮮からの朝鮮人参輸入の滞りがあった。十七世紀半ば以降、国内の朝鮮人参の需要は大きく拡大し、一六七四(延宝《えんぽう》二)年には朝鮮貿易を独占していた対馬《つしま》宗氏《そうし》が庶民への専売所として江戸に人参座を開設している。このお触れのでた一七〇〇(元禄十三)年に近い一六九四(同七)年には朝鮮人参の輸入量がピークを迎え、その量は六六〇〇斤(四〇〇〇キロ)にも達し、朝鮮人参の需要が大きく高まっていたようすがうかがえる。

この年十一月三日、老中《ろうじゅう》阿部《あべ》正武《まさたけ》▲から対馬藩主《はんしゅ》宗義方《よしみち》▲に朝鮮との商売高を三万両に増額するので朝鮮人参の輸入を手支《てづか》えのないようにせよとの覚書《おぼえがき》がだされた。この背景には金銀の改鋳による金銀貨の質の低下により、朝鮮側から

▼**阿部正武**　一六四九〜一七〇四。五代将軍綱吉の信任厚く、一六八一(天和元)年から死去するまで老中の地位にあった。武蔵忍《むさしおし》藩主。

▼**宗義方**　一六八四〜一七一八。対馬藩主。幼少で跡を継ぎ、祖父義真《よしざね》の後見を受ける。

●—大八車（『目黒《めぐろ》行人坂《ぎょうにんざか》火災絵巻』部分）

四割増しでなければ朝鮮人参の輸出はできないと主張され、対馬藩では朝鮮とのあいだで調整をはかるが、一六九八（元禄十一）年から人参の輸入が止まってしまった。宗氏はこの局面を打開するため年間商売高を一万八〇〇〇両から三万五〇〇〇あるいは三万両に増額するよう幕府に求めた。この件が将軍綱吉の耳にもはいり、「にんじん差《さし》つかえ候ては、諸人《しょにん》難儀いたす」との綱吉の意向を受けて、商売高は年額三万両に増額され、人参の輸入促進がはかられた。№15～17の一連のお触れは、こうした流れのなかで江戸における朝鮮人参の在庫と流通を把握するためにだされたものである。

風俗にかかわるお触れ

風俗にかかわる触も繰り返しだされたが、その内容はさまざまで数も多い。№3の六月二十七日のお触れは、以前より禁じている遊女がましき者をさしおくことの禁止を厳しく申しつけるよう老中から命じられたので、重ねて改めるよう、もしそのような者がいたならば、持ち主はいうにおよばず家主・五人組まで処罰する、とする。

№10の八月九日のお触れは、貸駕籠《かしかご》の使用の制限と長脇差《ながわきざし》をさすなど町人《ちょうにん》に不似合いな風俗を禁止したものである。これも本文をあげておこう。

覚え

一貸駕籠の儀、向後目印《めじるし》を付け、旅人は各別、その外極老《ほかごくろう》の者、あるいは病人、あるいは女または小児、この外は一切借すべからず候事、

一町人に似合ざる風俗いたし、その上長脇差これを帯び、目に掛《かか》り候者もこれある由相聞《よしあいき》こえ候、向後左様《さよう》の儀これなきように仕《つかまつ》るべき事、

右の趣、相背く者これあり候はば、当人は申すに及ばず、家主・名主まで越度たるべき者なり、

辰八月

№11の八月九日のお触れは、明暦大火後江戸で発案され、町中に急速にその使用が広がった大八車《だいはちぐるま》▲を統制するために、三伝馬町《てんまちょう》（大伝馬町・小伝馬町・南伝馬町）の名主に大八車への極印《ごくいん》を打つ権利を認め、車一輌に一カ月銀一匁の極印賃を徴収すること、また貸駕籠についても大八車同様、三伝馬町名主に極印を打たせ、一カ月銀三分を徴収することを触れたものである。№12の八月二十

▼**大八車**　長さ八尺、幅二尺五寸の荷台、三尺五寸の二つの車輪をもつ荷車。一六五七（明暦三）年の江戸大火後に多くの普請がなされ、そのための材木をはじめとする物資を運ぶために生まれた荷車で、江戸木挽町《こびきちょう》の牛車大工が考案・製作した。

●―貸駕籠制限などのお触れ〔No.10〕

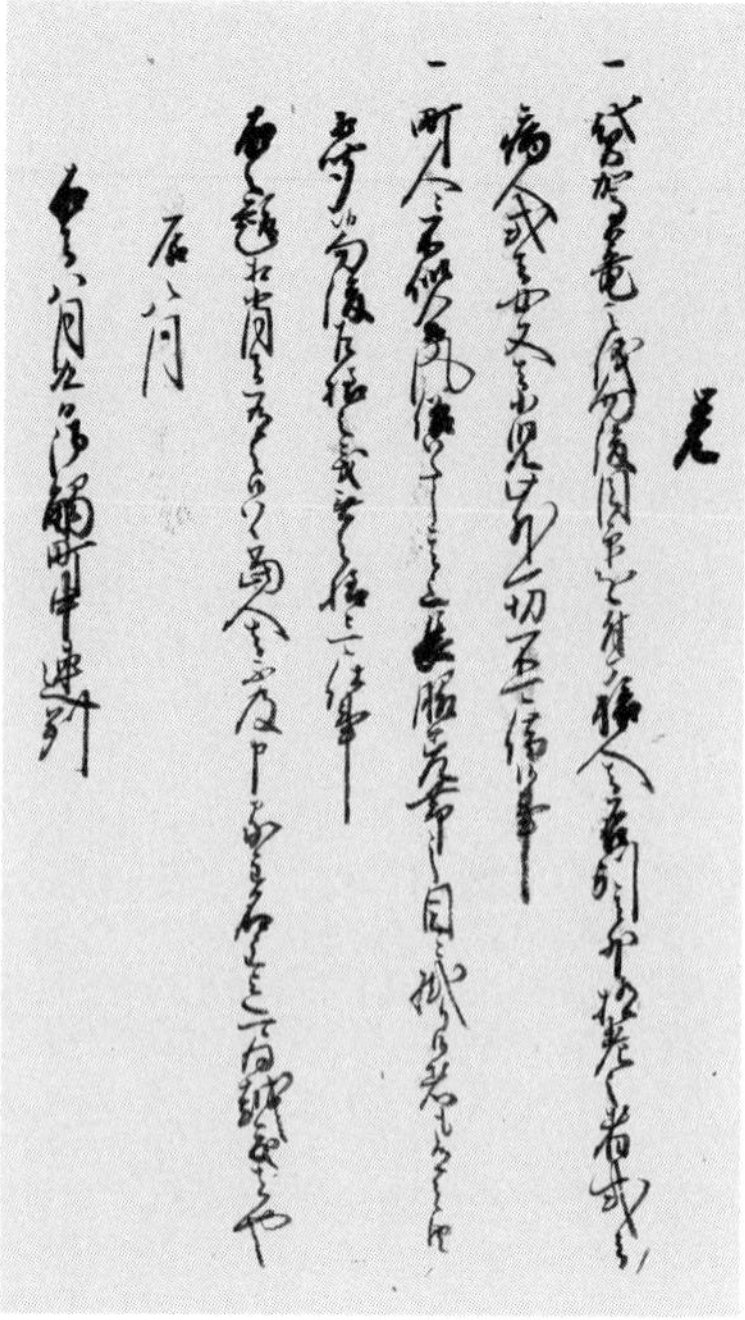

覚

一貸駕籠之儀、向後目印を付、旅人者各別、其外極老之者、或者病人、或者女又者小児、此外一切不可借候事、

一町人ニ不似合風俗いたし、其上長脇差帯之、目ニ掛り候者も有之由相聞候、向後左様之義無之様ニ可仕事、

右之趣、相背者有之候ハヽ、当人者不及申、家主・名主迄可為越度者也、

辰八月

右者八月九日御触、町中連判

●―徳川光友の鳴物停止令〔No.21〕

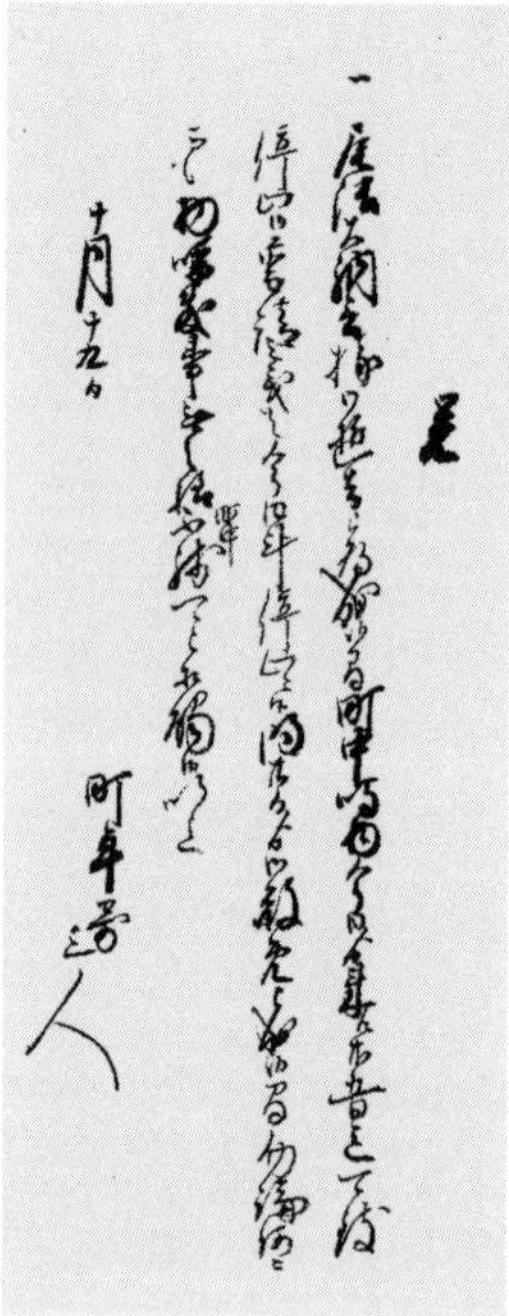

覚

一尾張大納言様御逝去被為成候間、町中鳴物今日ゟ来ル廿五日迄可致停止候、普請之義者今日斗停止ニ候、明廿日ゟ御赦免被成候間、勿論何ニ而も物噪敷事無之様、町中不残可被相触候、以上、

十月十九日

町年寄三人

二日のお触れは大八車と貸駕籠の極印を打つ三伝馬町の地域割を報じたものである。なお、この極印制は、一七〇三(元禄十六)年十二月には廃止されている。

№27の十一月二十日のお触れは、貸駕籠の使用について規定したもので、三カ条からなり、第一条で貸駕籠を傾城町《けいせいまち》にいく者に貸してはならないとし、第二条で駕籠に乗る者がまぎらわしいので、簾《すだれ》を取り払うよう、第三条で辻や橋などに駕籠が多く集まらないようにと命じ、最後におりおりに人をだして改めるので、もし違犯する者があるときには処罰すると締めくくっている。また№31の十二月二十八日のお触れは、貸駕籠の営業範囲を限定したもので、外桜《そとさくら》田御門《だごもん》の内より馬場先御門《ばばさきごもん》・和田蔵御門《わだくらごもん》の内などでの貸駕籠に人を乗せることを禁止している。

鳴物停止令

№21は十月十九日に尾張大納言《おわりだいなごん》徳川光友《みつとも》▲の逝去に際しだされた鳴物停止令▲である。鳴物は、主として歌舞《かぶ》・音曲《おんぎょく》をさすが、その範囲は広く、芝居興行・盆踊り・普請《ふしん》など音をだし騒がしいものをも含む。まず、お触れの本文をあげよ

▼**徳川光友**　一六二五〜一七〇〇。尾張徳川家二代。家康の孫。

▼**鳴物停止令**　江戸時代、将軍やその一族、天皇、老中などが死去したおり、歌舞・音曲・普請などを禁じた法令。

う。

覚え

一尾張大納言様御逝去ならせられ候間、町中鳴物今日より来ル廿五《にじゅうご》日まで停止いたすべく候、普請の儀は今日ばかり停止に候、明廿日より御赦《ごしゃ》免《めん》なされ候間、勿論《もちろん》何にても物さわかしき事これなきように、町中残らず相触れらるべく候、以上、

十月十九日　　町年寄三人

尾張大納言光友は御三家《ごさんけ》の筆頭尾張徳川家の二代、このときには家督を綱誠《つななり》に譲り隠居の身であったが、この年十月十六日に名古屋で逝去した。この死を受けてだされたのがこのお触れで、江戸町中で今日十九日より二十五日までのあいだ鳴物を停止すること、普請については十九日のみ停止し、翌二十日からは赦免することを命じたものである。

江戸幕府のもとで、最初に鳴物停止令がだされた年は、なお検討すべきであるが、確実なところでは一六五一(慶安《けいあん》四)年、三代将軍徳川家光《いえみつ》▲の死に際してだされたことが明らかにされている(中川学「江戸幕府『鳴物停止令』の展開とその特

▼徳川家光　一六〇四〜五一。江戸幕府三代将軍。秀忠《ひでただ》の二男。日光大猷院霊廟《にっこうだいゆういんれいびょう》にほうむられる。

質」）。しかし、鳴物停止令が、将軍だけでなく広く将軍の家族、天皇・院、御三家、老中などを対象にだされるようになるのは十七世紀中葉のことである。鳴物停止の日数は、だされる場所、時代によって異なるが、江戸では将軍・大《おお》御所《ごしょ》が四九日から七七日、将軍の母が一四日、将軍の妻が五日から一〇日、将軍の子が三日から七日、御三家が三日から七日、老中三日、天皇・院が三日から五日である。しかし、京都では、天皇・院の日数は、江戸よりはるかに長く三五日から五〇日で、かつ江戸ではみられない親王《しんのう》・摂政《せっしょう》・関白《かんぱく》・三公《さんこう》（左《さ》大臣・右《う》大臣・内《ない》大臣）などの死に際しても鳴物停止令がだされている。

№29の十二月八日のお触れは、御三家の一つである水戸の徳川光圀《みつくに》▲の逝去にともなって鳴物停止七日間、普請停止当日かぎりを触れたものである（四九ページ参照）。

日用統制

№20の十月中ごろのお触れは、江戸町中の日用統制に関する法令である。江戸時代の日用は、土木工事の手伝い人足《にんそく》（鳶口《とびぐち》・手木《てこ》の者など）、町々を歩いて精

▼**徳川光圀**　一六二八〜一七〇〇。水戸《みと》徳川二代藩主。家康の十一男頼房《よりふさ》三男。文治《ぶんち》政治期の名君《めいくん》の一人とされる。「水戸黄門《こうもん》漫遊記」のモデル。

米する米舂《こめつき》、荷物を運ぶ背負・軽子《かるこ》、荷車を引く車力《しゃりき》など多様であるが、一日単位で仕事をする人たちである。江戸の日用については、十七世紀半ばにはその統制が必要となるほどの数となり、その統制のため一六六五(寛文五)年に日用座が設けられ、日用に対し営業鑑札《かんさつ》である日用札がだされ、それを所持しない者には日用稼ぎを禁じた。札をえた日用は一六九五(元禄八)年の規定では一月に銭二二文を日用座におさめている。

No.20のお触れは、町中の日用座七人のうち三人の交替を触れ、米舂については舂米屋《しょうまいや》に一季居《いっきおり》でかかえられている奉公人以外は月切《つきぎり》に雇われている者であっても日用札をとるよう命じ、札のない日用を雇ってはならず、日用は腰に札をつけて仕事にいくよう、日用の賃金は高値とすることなく定のとおりとするよう指示し、さらに公儀の御普請で仕事する日用も札をとるよう命じている。

江戸の築地と塵芥

No.18の十月十二日のお触れは、深川《ふかがわ》であらたにできた埋立地である築地《つきじ》を町屋敷として払い下げることを報じたものである。築地といえば中央区の築地を思い浮かべるであろうが、江戸時代には築地は一般名詞であり、江戸では海岸部の各所に造成された埋立地をいった。なお、この前年の一六九九(元禄十二)年に深川と永代島《えいたいじま》とを結ぶ永代橋が架橋されている。

№19の十月十七日のお触れは、都市江戸の塵芥《じんかい》(ゴミ)処理に関するお触れである。まず、その本文をあげよう。

覚え

一町中よりこみ《(芥)》捨て候儀、前々より永代浦《えいたいうら》捨て候ように定め置き候ところに、頃日《けいじつ》は猥《みだ》りにて、その上船より船へこみ移し、在々へ遣わし、ならびに石・瓦等川中へ捨て候由相聞こえ不届きに候、自今以後は定めの通り、永代浦へ船漕ぎ参り捨て申すべく候、もし相背く者これあり、こみ船改めのもの共見付け捕らえ候はば、吟味のうえ曲事に申し付くべく条、この旨相心得、こみ取り候者へ急度申し付くべく候事、

辰十月

内容は、江戸町中のゴミをすてるときには以前から永代浦にすてるよう定められているのに、最近はそれがいいかげんになり、ゴミ船より他の船へゴミを

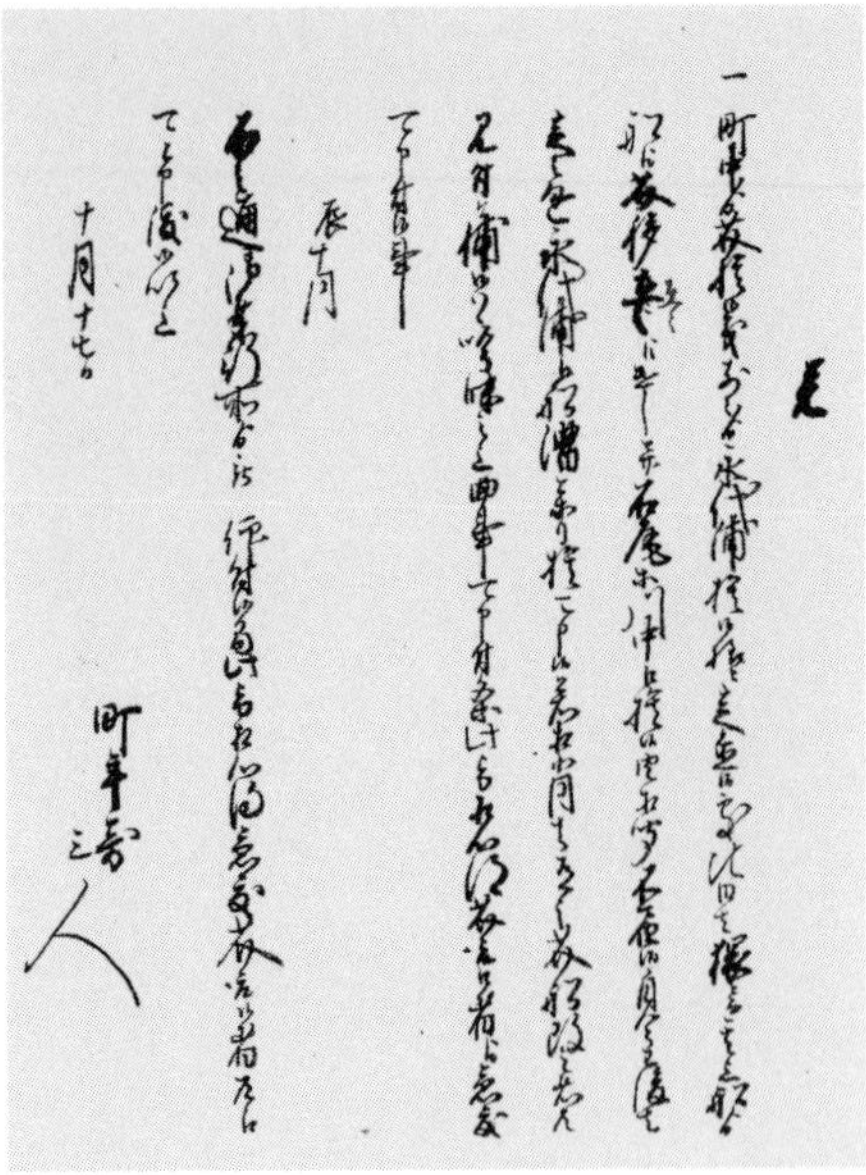

●永代浦へゴミをすてるよう〔No.19〕

覚

一町中ゟ芥捨候義、前々ゟ永代浦捨候様ニ定置候処、頃日者猥ニ而、其上船ゟ船江芥移、在々江遣し、幷石・瓦等川中江捨候由相聞不届候、自今已後者定之通、永代浦江船漕参り捨可申候、若相背者有之、芥船改之者共見付捕候ハヽ、吟味之上曲事可申付条、此旨相心得、芥取候者江急度可申付候事、

辰十月

右之通、御奉行所ゟ被仰付候間、此旨相心得、急度芥取候者共江可被申渡候、以上、

十月十七日

町年寄三人

●永代橋（鍬形蕙斎《くわがたけいさい》筆『江戸一目図《ひとめず》屏風』部分）

移し、在々につかわしたり、石や瓦を川中にすてる者がいるとのことである、今後は定めどおり永代浦へ船ですてるように、もし背く者があり、ゴミ船改めの者がみつけ捕えたときには、吟味のうえ処罰を申しつけるので、この旨をよく心得、ゴミを集める者へ必ず申しつけるように、というものである。

幕府が江戸に開かれたのち、江戸の町は急速に拡大していくが、それにともない大量のゴミ、塵芥が発生し、それをいかに処分するかが問題となってきた。早くも一六五五(明暦元)年には川筋へ掃溜めのゴミをすてることを禁じるとともに、舟で永代島へすてるよう命じている。永代島は、江戸時代の夢の島である。ついで一六六二(寛文二)年には各町は月に三度決められた日にゴミ取り船にゴミを渡すよう命じ、七二(同十二)年には永代島以外にゴミをすてることを禁じ、さらに一六九九年には永代島の「築地」になる場所へゴミをすてるよう指示している。こうした流れのなかにNo.19のお触れは位置づく。

人相書

No.5の七月六日のお触れは、犯罪の詮議《せんぎ》中に欠落《かけおち》(失踪《しっそう》)した被疑者二人の探

●人相書（「被仰出之留」）〔No.5〕

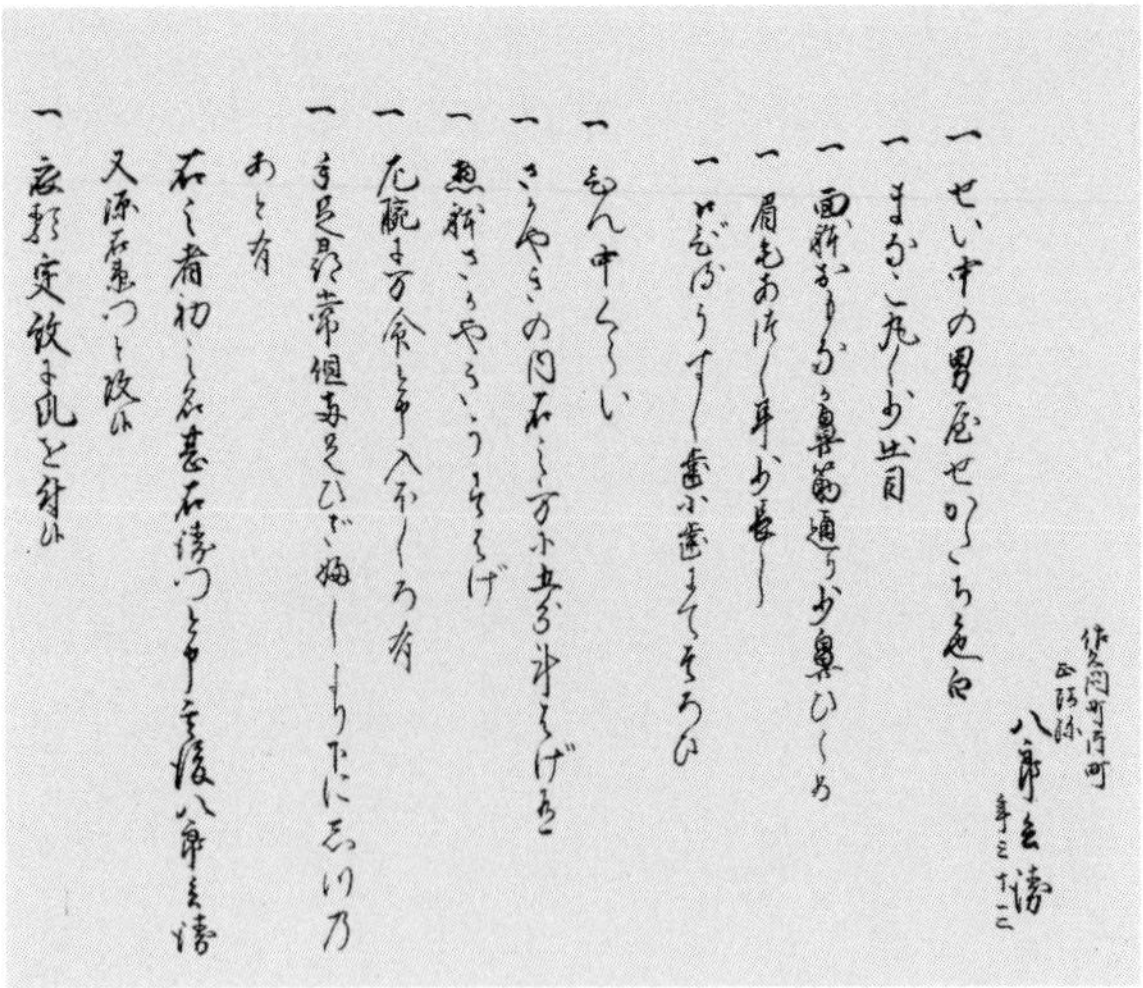

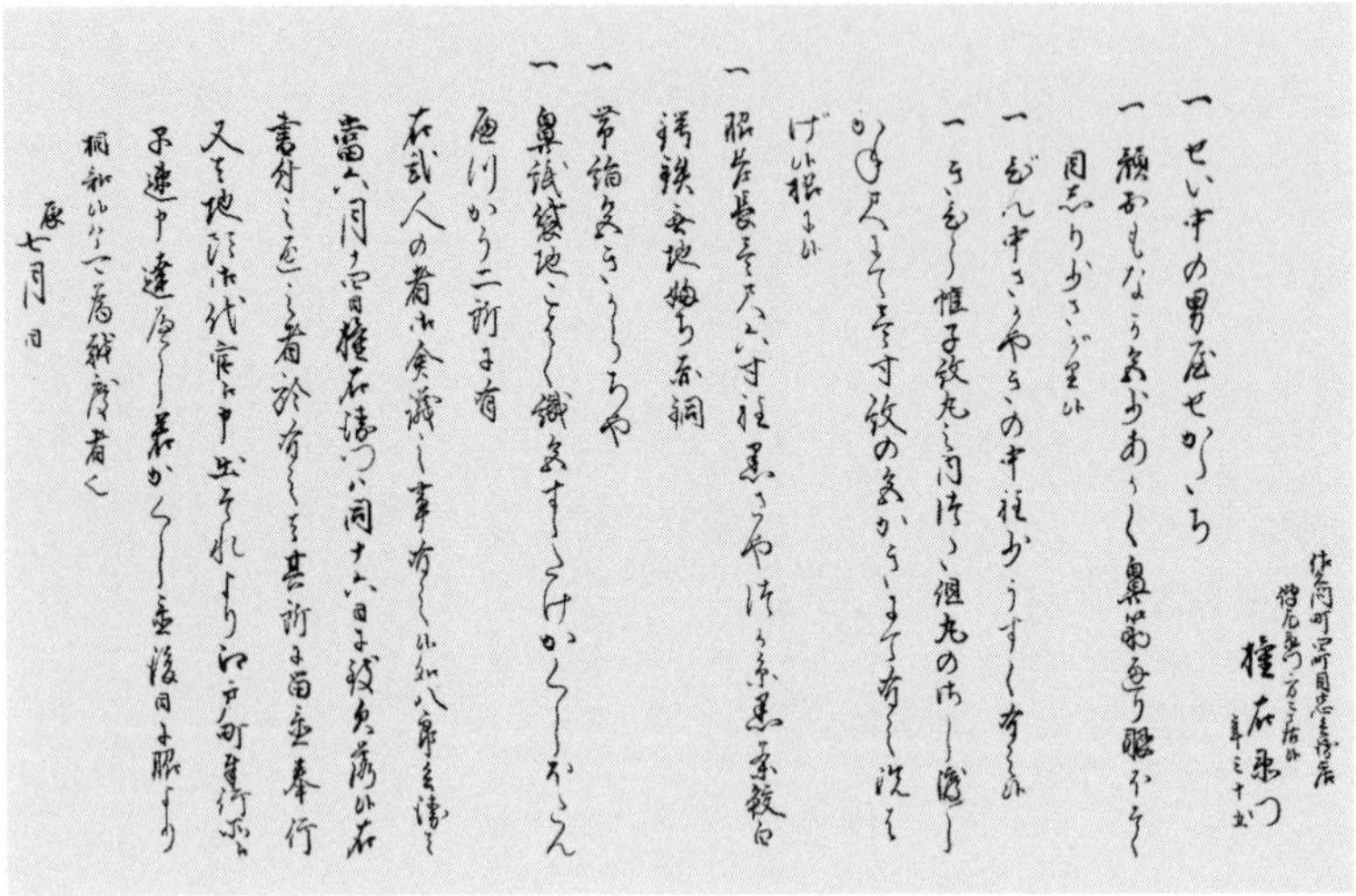

索を命じたものである。『正宝事録《しょうほうじろく》』には人相書の本文が省略されているが、当時の人相書とはいかなるものかを知っていただくために、江戸城の御用部屋で作成された「被仰出之留《おおせいださるのとめ》」という記録にその本文があるので、少し長文になるが以下にあげよう。

佐久間町片町《さくまちょうかたまち》
正阿弥
八郎兵衛
年三十一、二

一せい《（背）》い中の男、やせ《（痩）》かたち《（形）》、色白、
一まなこ《（眼）》丸く、少し出目、
一面体《めんてい》少しおもなか《（面長）》、鼻筋通り、少し鼻ひくめ《（低）》、
一眉毛あつく《（厚）》、耳少し長し、
一口びるうすく《（薄）》、歯小歯にてそろひ《（揃）》、
一ひん《（鬢）》中くらい、
一さかやき《（月代）》の内、右の方に五分斗はげ有り、

一惣体さかやきうす（薄）はげ、
一左腕に万命と申入ほくろ有り、
一手足尋常、但両足ひざふし（膝節）より下にしつ（疾）のあと（跡）有り、
右の者、初めの名、甚右衛門《じんえもん》と申す、その後八郎兵衛、又源右衛門《げんえもん》と改め候、
一衣類定紋《じょうもん》に爪を付け候、

佐久間町四町目忠兵衛《ちゅうべえ》店
伝左衛門《でんざえもん》方ニ居候
権右衛門《ごんえもん》
年三十五

一せい中の男、やせかたち、
一顔おもなか、色少しあかく、鼻筋通り、眼ほそく、目しり（尻）少しさがり候、
一びん中、さかやき中程少しうすくこれあり候、
一きひら帷子《かたびら》、紋丸の内つた（蔦）、但丸のさし渡しかね（曲）尺にて壱寸、紋の色かき（柿）にてこれあり、洗はけ候ように候、

一脇差長さ壱尺六寸程、黒さや《鞘》、つか《柄》糸黒茶鮫白《さめしろ》、鍔《つば》鉄無地ふち《縁》赤銅、
一帯絹、色きからちや《黄枯茶》、
一鼻紙袋地こはく《琥珀》、織色すゝたけ《煤竹》、かくし《隠》ほたんへつこう《鼈甲》二所に有り、
右弐人の者、御詮議の事これあり候ところ、八郎兵衛は当六月十四日、権右衛門は々十六日に欠け落ちいたし候、右書付の通りの者これあるにおいては、その所に留め置き、奉行又は地頭・御代官へ申し出で、それより江戸町奉行所へ早速申し達すべし、もしかくし置き、後日に脇より相知れ候はば、越度たるべき者也、

辰七月日

内容を少し解説しよう。人相書の一人目は、材木商が多くあった神田《かんだ》佐久間町▲片町の正阿弥またの名は八郎兵衛で、年ごろ三十一、二。中背、痩せ形、色白で、目は丸く、少し出目である。面体は少し面長で鼻筋はとおり、鼻は少し低め、眉毛は厚く、耳は少し長い、唇は薄く、歯は小歯にて揃う、鬢《びん》は中くらい、月代のうち右のほうに五分ばかりはげがある。全体として月代は薄はげである。左腕に「万命」の入ほくろ（入れ墨）がある。手足は尋常であるが、両足膝

▼**神田佐久間町**　材木商佐久間平八《へいはち》の姓に由来するとされる。この町は出火の多い町で「悪魔町」と陰口をたたかれた。江戸時代初期に材木商の町となり材木置き場があったが、火事の火種となるとの判断で、この材木置き場は深川猟師町《りょうしまち》へと移された。

節より下に疾《しつ》の跡がある。また右の者は初め甚右衛門といい、その後八郎兵衛また源右衛門と名を改めている。衣類には定紋に爪をつけている。

二人目は、佐久間町四丁目の家主忠兵衛から店を借り受けていた伝左衛門という者の家に居候《いそうろう》していた三五歳の権右衛門という者である。「人相」は、中背の男で痩せ形、顔は面長、色は少し赤く、鼻筋はとおっている、眼は細く、目尻は少し下がり目で、鬢は普通、月代の中ほどが少し薄くなっている、ここまでが人相である。以下は着物・持ち物などの記述である。着物は黄帷子、紋は丸のなかに蔦《つた》、丸の大きさは曲尺《かねじゃく》で一寸、紋の色は柿色、色は洗いによってはげている、持ち物の脇差は、長さ一尺六寸ほど、黒鞘《さや》、柄《つか》は糸黒茶、鮫白、鍔は鉄で無地、縁《ふち》は赤銅である、帯は絹で色は黄枯茶である、持ち物の鼻紙の袋地は琥珀《こはく》色で、織の色は煤竹《すすたけ》(赤黒い色)、隠しボタンは鼈甲《べっこう》で二カ所ある、となる。当時の風俗を知る史料としても興味深いものがある。

二人の人相書を記したうえで最後にこの二人は詮議中の者であったが、八郎兵衛は当六月十四日、権右衛門は同十六日に欠落をした。右の書付《かきつけ》のとおりの者がいたときには、そのところに留めおいて、奉行または地頭《じとう》・御代官《おだいかん》へ申し出で、それより江戸町奉行所へ早速申し達すように、もし隠しおいて、後日に脇より知れたならば、越度である、と記す。

　このような人相書がいつごろ成立したかは明確にしえていないが、三代将軍家光が死去した直後の一六五一(慶安四)年に起こったいわゆる由井正雪《ゆいしょうせつ》の乱《らん》▲に正雪に与し、計画が露見したあとに逃亡した金井半兵衛《かないはんべえ》などの人相書は、その早い事例といえよう。

その他のお触れ

　№７の七月十九日のものは、町年寄の樽屋のところで町々の名主に申し渡されたもので、厳密にはお触れではない。しかし町人にとっては知っておかなくてはならないものである。内容は、来春までとの限定つきながら町奉行が内寄合する日の朝に訴訟にでることを無用とするものである。

　№26の十一月十日のお触れは、町年寄三人からだされたもので、用件は神田明神《みょうじん》の神事能《しんじのう》のおりの費用の割付とその入用《いりよう》を指示したものである。本文をあげておこう。

▼**由井正雪の乱**　慶安事件ともいう。将軍家光死去直後の一六五一(慶安四)年七月に発覚した浪人由井正雪・丸橋忠弥《まるはしちゅうや》らによる幕《ばく》政《せい》批判の騒擾《そうじょう》事件。

●―神田明神神事能費用の割付け〔No.26〕

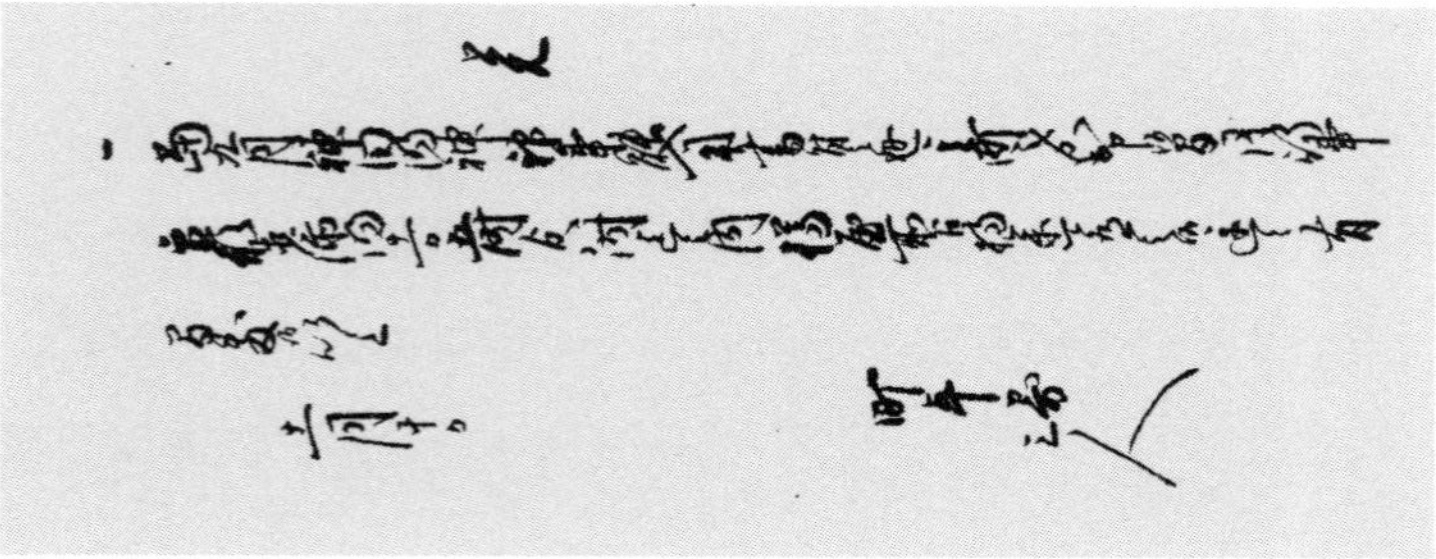

覚

一当九月神田明神神事能入用、書付之通、其町々ゟ出申候間、月行事
　印形相添、明十一日五時ゟ八時迄之内、樽屋所江持参可有之候、遅々有
　間敷候、以上、
　十一月十日　　　　　　　　　　　　　町年寄三人

覚え

一当九月神田明神神事能入用、書付の通り、その町々より出し申し候間、月行事印形相添え、明十一日五つ時より八つ時までの内、樽屋ところへ持参これあるべく候、遅々《ちち》あるまじく候、以上、

十一月十日　　町年寄三人

年々御定式のお触れ

最後に、江戸の町には毎年ほぼ同時期に同内容のお触れがでていることが知られているが、残念ながら一七〇〇(元禄十三)年については知りえない。そこで、時期は少しあとのものであるが、内容を知りうる一七一六(正徳《しょうとく》六)年についてあらましを記しておこう。

「年々御定式《ごじょうしき》のお触れ」と称されたお触れは、一七一六年時点では一七通を数える。まず正月三日の年頭御礼への名主出頭の次第を指示したお触れ、同月の左義長《さぎちょう》禁止のお触れ、徒者《いたずらもの》を毎月晦日《みそか》吟味しその結果を町年寄に町中連判で請状《うけじょう》をだすもの。最後の徒者に関する請状は毎月町からだされた。二月には

年頭の献上物にかかった費用の出銀についてのお触れとキリシタン改めに関するお触れがでる。なおこの年はキリシタン改めのお触れは閏二月にでている。

三月はその数がもっとも多く、年頭御礼のために江戸に下向してくる公家《くげ》衆《しゅう》の到着に関するお触れ、一年替わりで奉公先をかえる出替わり奉公人についてのお触れ、公家衆の江戸参向にあたって催される能に際して町での火の用心・街道の掃除などを命じたお触れ、そして公家衆の江戸出立についてのお触れが出、町からはキリシタン・博奕《ばくち》・遊女の三カ条についての請状が提出された。この三カ条の請状は八月にもだされた。

七月には聖霊会《しょうりょうえ》の際に使用した道具を城の堀にすてないことと聖霊棚の灯《とう》籠《ろう》の火の始末などを命じたお触れ、八月には暦板行《はんこう》についてのお触れ、九月には主として火の用心のために十月一日より中番・屋根番を各町でおくことを命じるお触れ、十一月には鍛冶屋《かじや》の鞴祭《ふいごまつり》についてのお触れ、十二月には年頭献上物についてのお触れ、婚姻の習俗である水あびせ▲などについてのお触れ、最後に年頭御礼についてのお触れである。

▼**水あびせ**　水祝いともいう。婚礼のときあるいは翌年の正月に新郎に水をあびせて祝福するもの、時にはいたずらとなった。

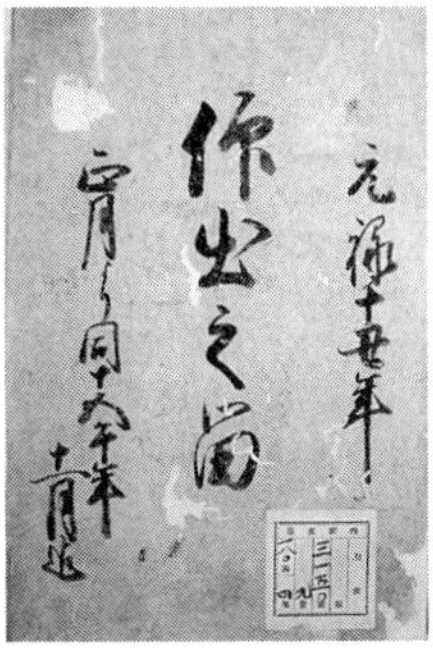
●——「被仰出之留」(内表紙)

②——「お触れ」の作成と伝達

御用部屋でつくられたお触れ

町にとっては「お上《かみ》」からのお触れということになるが、これらのお触れはどこで誰がつくり、どのように触れられたのだろう。

江戸《えど》城中で老中《ろうじゅう》・若年寄《わかどしより》が政務をとる御用《ごよう》部屋の記録のなかに「被仰出之留《おおせいださるのとめ》」(原題「仰出之留」、内閣文庫蔵)という名の触留《ふれどめ》が九冊残されている。その第一冊目は、元禄《げんろく》十(一六九七)年正月から同十五(一七〇二)年十一月までの触留である。表題「被仰出之留」に「仰せ」とあることから、この触留に書き留められたお触れは、原則として将軍綱吉《つなよし》の意向を受け、御用部屋で作成されだされたものであることがわかる。しかしすべてが綱吉の意向を直接反映したものばかりでもなく、老中・若年寄の裁量で作成されたものも多い。どちらにしても幕府《ばくふ》にとってその中枢の政策や意思を示す重要なお触れである。

一七〇〇(元禄十三)年に御用部屋で作成され、「被仰出之留」に記録されたお触れの総数は一七通である。そのうち一〇通が江戸の町に触れられている。残る七通のうち五通は幕府役人へのもので、一通目は大番《おおばん》・書院《しょいん》番・小姓組《こしょうぐみ》番の番士《ばんし》に対し組中《くみじゅう》廻番《かいばん》の内容を指示したもの、二通目は目付《めつけ》をとおして寺社《じしゃ》奉行《ぶぎょう》・勘定《かんじょう》奉行・町《まち》奉行に辻《つじ》番改めについて指示したお触れ、三通目は目付へ服改めについて指示したお触れ、四通目は火事の際に太鼓を打つように火消《ひけし》中へ申し渡したお触れ、五通目は寺社・侍《さむらい》屋敷などに鳶《とび》・烏《からす》がかけた巣の処理を広く命じたお触れである。六通目は大名《だいみょう》・旗本《はたもと》の末子の将軍への御目見《おめみえ》得の願出と養子についてのお触れ、七通目は夜中出火時の供連《ともづ》れを制限したお触れである。いずれも江戸の町を対象としたものではない。このほか、後述する対馬《つしま》藩主《はんしゅ》宗氏《そうし》への朝鮮人参の取引額について指示した老中達書《たっしがき》がこの年の「被仰出之留」に書き留められている。

さて、江戸の町に触れられた一〇通すべてが江戸の町のみを対象としたお触れであった訳ではない。むしろそうでないもののほうが多い。№5の人相《にんそう》触、№8の捨て子触、№9のうなぎ・どじょうの売買を禁じたお触れ、№4の指示あるまでの酒造停止令、№14の酒造半減令は全国を対象としたお触れである。江戸の町にその一環として触れられたこれらのお触れがどのようにだされたのかを、表1№14の九月二十一日に江戸の町にでた酒造制限に関するお触れを例にみてみよう。本文は以下のとおりである。

覚え

一当辰年（元禄十三年）酒造米の儀、去々年寅年造り高の員数半分の積もりこれを造るべく候《そうろう》、前々相触れ候通、寒造《かんづく》りのほか、新酒いよいよ堅《かた》く停止たるべく候、定のほか、隠し候て酒造候者これなきよう、急度《きっと》申し付くべく候、

以上、

辰九月日

表祐筆《おもてゆうひつ》のもとで約四〇〇通のお触れが作成され、表2（次ページ参照）に示したように、老中・若年寄からそれぞれ管轄する人や部署へお触れが一通ずつ渡された。万石《ごく》以上の大名と交替寄合の旗本へは、月番《つきばん》老中阿部正武《あべまさたけ》の宅に大名留守居《るすい》などが集められ手渡された。老中から大名などへの伝達は殿中《でんちゅう》でなされることもあった。この表のなかに町奉行の名がみえないが、これらは寺社奉行・勘定奉行とともに大目付から触れられており、この表では「万石以下」のなかにはいっている。

●—表2　1700(元禄13)年9月21日のお触れの伝達経路とその数

お触れ発給者	お触れ受給者	通数
老中阿部正武	万石以上・交替寄合	270通
老中→大目付	万石以下	30通
老中阿部正武	柳沢保明・老中・松平輝貞・若年寄	1通宛
同	徳川家宣・御三家	4通
若年寄本多正永→目付	若年寄中支配の面々	50通
同→松平輝定	奥向	30通
同	御側衆	1通
同	殿中詰番なき面々	20通
同	林大学頭・三島検校	2通
同	三丸様御用人	1通宛
同	中野御用懸小納戸衆	1通
若年寄加藤明英	舞々・猿楽	1通

「被仰出之留」により作成。

全国を対象としたお触れが、すべてこの伝達方法で触れられたかというとそうではない。№9の七月二十四日のうなぎ・どじょうの生魚商売を禁じたお触れは、「被仰出之留」に「右之書付大奉書切紙《おおほうしょきりかみ》にこれを調《ととの》え、七月廿四日《にじゅうよっか》に寺社奉行・大《おお》目付・町奉行・御勘定奉行へ一通づつ相模守これを渡す、御目付へ一通大和守《やまとのかみ》これを渡す」とあるように、月番老中土屋政直《つちやまさなお》▲から寺社奉行・大目付・町奉行・勘定奉行へ一通ずつ、若年寄井上正岑《いのうえまさみね》▲より目付へ一通渡されている。酒造制限のお触れに比較すると、簡略な形式をとっている。

より簡略な形式をとった全国を対象としたお触れもあった。№4の当年の酒造開始は追って申し渡すとするお触れは、大目付のもとに大名留守居が呼ばれ、お触れを一通ずつ渡すのではなく、それを写しとらせている。ただこのお触れは少し特異で、『正宝事録《しょうほうじろく》』によれば江戸の町に七月朔日《さくじつ》に触れられている。ところが「被仰出之留」には、七月二十三日のうなぎ・どじょうの商売停止を命じたお触れのあとに記されている。『正宝事録』の記載によるかぎり、このお触れはまず江戸の町で触れられ、そのお触れが御用部屋で全国令にレベルをあげられたと考えるのが妥当のようである。この点は、「被仰出之留」の注記に「右の

▼**土屋政直**　一六四一〜一七二二。一六八七（貞享《じょうきょう》四）年から一七一八（享保《きょうほう》三）年まで老中。常陸《ひたち》土浦《つちうら》藩主。

▼**井上正岑**　一六五一〜一七二二。一六九九（元禄十二）年から一七〇五（宝永《ほうえい》二）年まで若年寄。その後老中となる。常陸笠間《かさま》藩主。

趣《おもむき》、万石以上の留守居、大目付へこれを呼び、この書付を写し持参候ようにとこれを申し渡す」とあるように、大目付のところに諸大名の留守居を呼び寄せ、このお触れを写しとらせたことが注記されるだけで、町奉行へ触れたことを記してはいないことからも推測できる。

銀・銭《ぜに》の蔵元《くらもと》払いを指示した№24の十一月八日のお触れは、「被仰出之留」に「右之書付寺社奉行・町奉行・御勘定奉行へ但馬守《たじまのかみ》これを相渡す、遠国《おんごく》へは当地に在り合い候奉行よりこれを申し達す」とあり、このお触れが、老中秋元喬《あきもとたか》知《とも》▲から、寺社奉行・町奉行・勘定奉行へ渡され、遠国については江戸に居合わせた奉行に渡されたように、全国ではなく幕府領を対象としてだされたものである。

№10の貸駕籠《かしかご》と町人風俗についての八月九日のお触れは、御用部屋で作成されたお触れのなかでは比較的数の少ない江戸の町のみを対象としたお触れである。「被仰出之留」には、江戸の町にでたお触れと同文のものが書き留められているが、その日付は「辰七月」で、その注記には「七月六日、但馬守より町奉行へ渡」とあるように、このお触れは月番老中秋元但馬守喬知から町奉行に渡さ

▼**秋元喬知**　一六四九～一七一四。一六九九（元禄十二）年から死去するまで老中。甲斐《かい》谷村《たにむら》藩主。

れている。このことからこのお触れは江戸の町のみを対象としたものであることが確認できる。

銀子《ぎんす》・銭を他国へ売ることを禁じた№30の十二月二十一日のお触れは、「被仰出之留」に「右之通、町奉行方にてこれを触る、御右筆所《おんゆうひつしょ》にては調えず、十二月廿日町奉行より豊後守まで右の通り相認《したた》めこれを伺う」とあり、江戸の町に限って触れられたもので、町奉行から老中阿部正武のもとにだされた伺いを御用部屋で承認する手続きをへてお触れとなったため、祐筆所では作成されなかった。このお触れと同様に町奉行のもとで立案され、老中への伺いをへて触れだされたものに貸駕籠と町人風俗を取り締まった№10の八月九日のお触れがある。

将軍の意向ででた鳴物停止令

「被仰出之留」に記載されている一〇通以外にも幕府中枢で作成されたと思われるのが、鳴物停止令である。さきにあげた尾張大納言光友《おわりだいなごんみつとも》の死にかかわって江戸の町にでたお触れ(№21)は、「町年寄三人」の名でだされているが、文中に

「明廿日より御赦免なされ候」とみえるように、この規制を決定したのは町年寄ではなく、その上位のものによって作成されたものであることがわかる。ではこのお触れの内容はどこで誰が決めたのだろう。

尾張大納言徳川光友は十月十六日に名古屋で逝去《せいきょ》した。江戸幕府の公式の日記である「柳営日次記《りゅうえいひなみき》」▲元禄十三(一七〇〇)年十月十九日条には、その報が江戸に届いたこと、それを受けて尾張家をはじめとして数家へ将軍綱吉から悔やみの上使《じょうし》が派遣されたとの記事がみえ、それに続き「右ニ付明日惣出仕《そうしゅっし》、普請《ふしん》は今日ばかり、鳴物は廿五日まで、仰せ出さる」とあり、二十日の諸大名などの惣《そう》登城が命じられるとともに、普請は十九日だけ、鳴物は二十五日までとの決定が、将軍綱吉のおおせとしてでたことが確認できる。

№29の十二月八日の水戸中納言《みとちゅうなごん》徳川光圀《みつくに》逝去に際しだされたお触れについてもみておこう。お触れの本文は、

覚え

一水戸中納言様御逝去ならせられ候間、町中鳴物今日より来ル十四日まで停止いたすべく候、普請の儀は今日ばかり停止いたし、明九日より御赦

▼「柳営日次記」　江戸幕府の公用日記。将軍の動向を中心に儀礼や役人の任免などを記す。内閣文庫蔵。

●――徳川光圀の鳴物停止令〔No.29〕

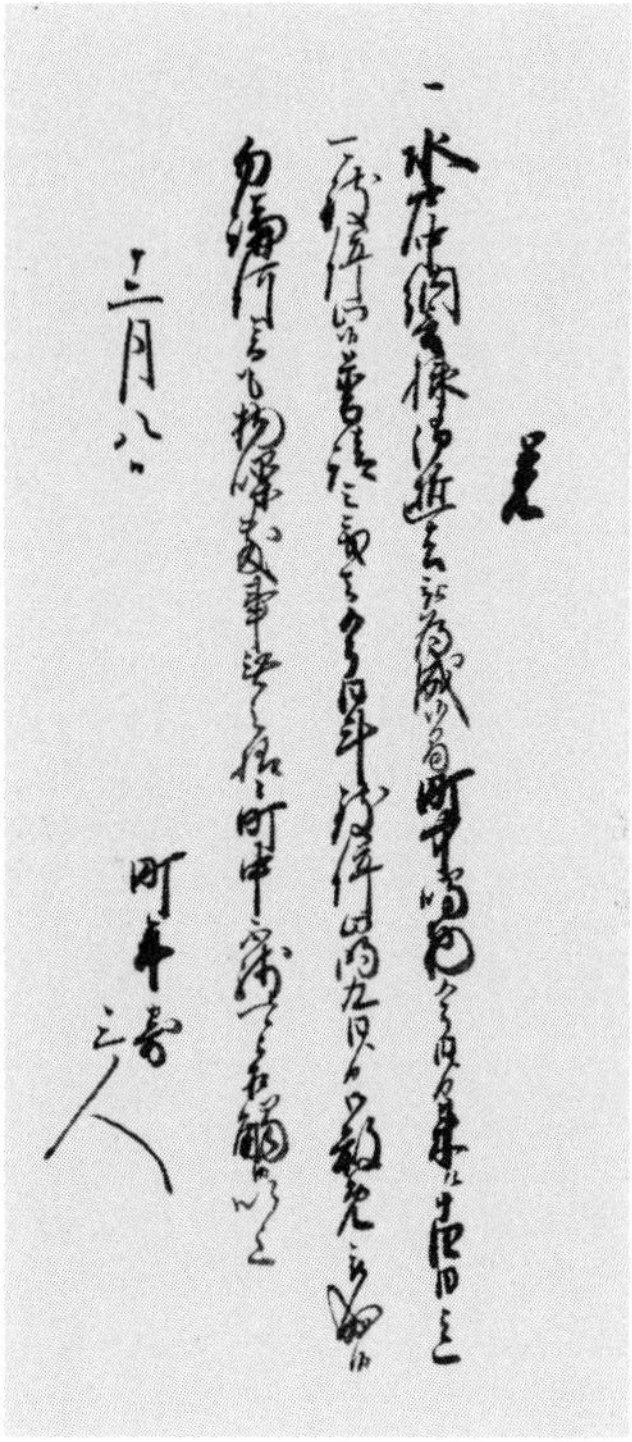

覚

一水戸中納言様御逝去被為成候間、町中鳴物今日ゟ来ル十四日迄可致停止候、普請之義者今日斗致停止、明九日ゟ御赦免被成候、勿論何ニ而も物噪敷事無之様ニ町中不残可被相触候、以上、

十二月八日

町年寄三人

免なされ候、勿論《もちろん》何にても物さわかしき事これなきように、町中残らず
相触れらるべく候、以上、
十二月八日　　　　　　　　　　　　　　　　町年寄三人

これに対し、「柳営日次記」元禄十三年十二月八日条には、水戸中納言徳川光圀の死去にともない諸大名への明九日の惣登城を命じた記事に続き、

去る六日、水戸中納言殿在所において逝去につき、明九日より来る十四日まで鳴物停止、普請は今日ばかり停止の由これを仰せ出さる、

とあり、この件が将軍綱吉のおおせとしてだされたものであることを確認することができる。江戸の町にでたお触れには、この内容に加えて「勿論何にても物さわかしき事これなきよう」との文言が付け加えられている。

江戸町奉行から町へ

将軍の意向や御用部屋での決定を受けて作成され、江戸の町を対象に含むお触れは、老中あるいは大目付を介して町奉行へ、そして町奉行から江戸の三人の町年寄へ、さらに町年寄より各町の名主《なぬし》へと伝えられる。それに対し、御用

部屋などで作成されたお触れ以外のもの、たとえば№11の町中大八車《だいはちぐるま》・町中貸駕籠に関するお触れなど江戸の町を直接の対象としたもの、№1の鳥商売の場所に関するお触れなど前々のお触れを再度触れたもの、また№23の銀銭の払下げのお触れのように御用部屋で作成されたお触れの浸透をはかるために触れられたものなどは、町奉行の手元で作成され町年寄をへて各町の名主へと伝えられる。一七〇〇(元禄十三)年に江戸の町にだされたお触れ三一通のうち一四通がこのなかにはいる。

このほか、№2の火事拝借米《はいしゃくまい》についての六月十五日の申渡し、№6の犬の捕縛見物を禁じた七月十二日の申渡し、№7の内寄合日の訴訟を制限した七月十九日の申渡しは町年寄のもとで各町の名主や月行事《がちぎょうじ》に直接申し渡された。また№26の神田明神《かんだみょうじん》の神事能《しんじのう》の入用についてのお触れは町年寄の手かぎりでだされたものと思われる。

町中連判請状

町年寄を通じてだされたお触れの大半は、各町の名主が町の住民に申し聞かせたが、そのうち、内容がその遵守を求めるものについては町中の連判《れんぱん》が町奉行所に提出された。『正宝事録』の元禄十三(一七〇〇)年の部分ではお触れを留めたあとに「右は正月廿九日御触　町中連判」とあるだけで、請状《うけじょう》がだされたことは確認できるが、その文面は記されていない。しかし、一六四八(正保《しょうほ》五)年の例ではつぎのようである。

右の面《おもて》、慥《たしか》に御請負《おうけおい》申し候間、借家《しゃくや》・店借《たながり》の者まで念を入れ、急度《きっと》申し聞かせ、少しも違背《いはい》仕るまじく候、若《も》し相背き候はば、何様《なによう》にも仰せ付けらるべく候、後日のため仍《よっ》て件《くだん》のごとし、

正保五年子閏《うるう》正月朔日　　町中惣連判

御奉行所

右のお触れの内容をたしかに請け負ったので、借家・店借の者まで念をいれ、急度申し聞かせ、少しも違背しません、もし背いたときには、どのようにもおおせつけられて結構です、後日のために、このように提出します、とあるように、町内の借家・店借までお触れの内容を申し聞かせることを町中連判で奉行所に請け負ったのである。表1に示したように町中連判の請状がだされたお触

れには、お触れ自体には差出者の名は記されていないが、請状からそれが町奉行であったことがうかがえる。

一方、町年寄三人の名でだされたお触れは、多くの場合お触れ本文のあとに「右の通り、町中残らず念を入れ相触るべく候、以上」の文言が付加されている。少し特異なのはNo.4の当面の酒造停止を命じたお触れで、お触れのあとに「右の通り仰せつけられ候間、その町々にこれある酒屋共にこの旨申し聞かせ、仰せ出されこれあるまでは、新酒造り申さず候様、急度申し付くべく候、以上」と町年寄のもとで付加された文言があり、このお触れは町々の酒屋に限って触れられたことがわかる。

一七〇〇年の京都

京都の町に触れられたお触れについては、『京都町触集成』が編纂されたことで、その全貌をほぼうかがえるようになった。『京都町触集成』には一七〇〇(元禄十三)年の町触四四通がおさめられている(表3参照)。江戸の町にでたお触れと比較してみよう。

●—表3　1700(元禄13)年の京都のお触れ

No.	月　日	お触れの内容	地域
1	1月11日	鷹司前殿下薨去鳴物停止	京都
2	1月21日	大津御蔵米御払入札	〃
3	1月21日	質屋惣代申付ニ付町会所への出頭	〃
4	2月15日	拝借米割付のため町内軒数調査	〃
5	2月18日	町中困窮ニ付拝借米	〃
6	2月	長崎諸式入札人の請合手形提出	〃
7	2月	質商売定	〃
8	3月9日	鍮泥取引元締め	〃
9	4月	富にことよせ博奕同然の仕形禁止	〃
10	4月14日	所司代町奉行への出礼停止	〃
11	4月29日	茶立女・遊び女などの統制	〃
12	5月	投げ火の監視強化	〃
13	5月23日	北野天満宮修復入札	〃
14	6月9日	辻相撲停止と監視強化	〃
15	6月24日	松木前内府薨死鳴物停止	〃
16	7月3日	梅宮社造立入札	〃
17	7月4日	酒運上銀の納付	〃
18	7月12日	銭座鋳造の新銭通用	全国
19	7月	金銀銭相場混乱	京都
20	7月	詮議中の欠落人の人相書	全国
21	7月19日	二条御目付小屋修復入札	京都
22	8月	捨て子禁止	全国
23	8月9日	うなぎ・どじょうの商売停止	〃
24	8月24日	火の用心触	京都
25	8月27日	「かたり言」申す族の吟味	〃
26	9月1日	投げ火ニ付添番設置，火の用心	〃
27	9月10日	二条御蔵米大豆の内拵えの日雇人足の入札	〃
28	9月27日	二条御門番役屋敷修復入札	〃
29	9月	当年酒造米員数元禄11年の半分	全国
30	10月	酒運上銀上納	京都
31	10月19日	尾張大納言逝去鳴物停止	全国
32	11月7日	丹後米御払い入札	京都
33	11月	京都町中家屋敷売買の節町内への出銀など	〃
34	11月	寺院坊舎の女人禁制	〃
35	11月	礫打ち・芝居野郎・茶立女の統制	〃
36	11月	銀子・銭の御蔵元払い	全国
37	11月	悪金銀取扱い	京都
38	11月	寒気ニ付火の用心触	〃
39	11月	金銀・銭相場	〃
40	11月	金銀箔の使用制限	〃
41	12月13日	水戸中納言逝去ニ付鳴物停止	全国
42	12月15日	嵯峨清涼寺釈迦堂建立材木入札	京都
43	12月26日	金通用が滞りなきように	全国
44	12月	三分一銀納方法	京都

『京都町触集成』により作成。

「被仰出之留」にみえる一七〇〇年のお触れ一八通のうち江戸の町には一〇通が触れられているが、このうち江戸での鳥商売停止の場所を触れたお触れ、江戸の町での貸駕籠停止場所を指示したお触れを除く八通、酒造、捨て子、うなぎ・どじょう商売、鳴物停止、貨幣改鋳《かいちゅう》にかかわるお触れは、すべて京都の町にも触れられている。これらのお触れが京都で触れられるときにはお触れの本文に加えて「右の通り、江戸より仰せ下され候間、洛中洛外《らくちゅうらくがい》触れ知らしむべきもの也」などの文言が付加された。

江戸でだされた尾張大納言徳川光友、水戸中納言徳川光圀の逝去にともなう鳴物停止令は、京都でもだされているが、徳川光友の逝去にともなう鳴物停止令は、京都では次のようなものであった。

口触《くちふれ》

尾張大納言殿去る十六日御逝去の由、当所留守居の者申し来たり候間、今日より鳴物停止せしめ候、日限《にちげん》の儀、追って申し付くべく候、此旨《このむね》洛中洛外へ相触るべきもの也、

辰十月十九日

尾張大納言徳川光友の死が尾張藩の京都留守居から京都町奉行所に伝えられ、それを受けて京都町奉行は十月十九日よりの鳴物停止とともに、停止期限は改めて申しつけるとの触をだした。注意したいのは江戸で鳴物停止の決定が京都に伝えられる以前にこのお触れがだされていることである。このことは、この時点で御三家《ごさんけ》の死去にともなう鳴物停止令は規定どおりであったことをうかがわせる。

もう一つの徳川光圀の死にともなう鳴物停止令は、鳴物・普請停止が始まる日は、江戸で十二月八日であったのに対し京都では十二月十三日と、その開始日が相違するが、これは江戸からの指示が京都に届くまでのいわばタイムラグが原因である。しかし日時は異なるが、停止の日数には変わりはない。

鳴物停止令については江戸ではだされなかったお触れが京都でみられる。一月十一日には前関白鷹司房輔《さきのかんぱくたかつかさふさすけ》▲の死を受けて、また六月二十四日には前内大臣《ない》松木宗条《まつきむねえだ》▲の死を受けて鳴物停止令が京の町にだされている。また京都では天皇や院の死去にともなう鳴物停止の日数は江戸とは異なり、将軍なみの日数であった。京都の大きな特徴の一つである。

▼**鷹司房輔**　一六三七〜一七〇〇。摂家《せっけ》鷹司家の当主で、一六六八(寛文《かんぶん》八)年に関白となり八二(天和《てんな》二)年辞す。

▼**松木宗条**　一六二五〜一七〇〇。公家《くげ》松木家の当主で、一六八八(元禄元)年に内大臣となり同年辞す。

京都の町に触れられたお触れ四四通のなかには、八通の入札《いれふだ》触《ふ》れがみえる。その内容は、二条御蔵米《にじょうおくらまい》などの払い入札、二条御蔵米大豆の内拵《うちこしら》えの日雇人《にん》足《そく》の入札、二条城の目付小屋などの修復入札、北野天満宮《きたのてんまんぐう》・梅宮社《うめのみやしゃ》などの修造・造立《ぞうりゅう》の入札などである。江戸の『正宝事録』にはこうした入札触れはみえないが、『江戸町触集成』によれば、一七〇〇年には史料がなく確認できないものの、前後の年についてみると京都以上に多くの入札触れがでていたことが確認でき、触留の性格の違いから起こった差異である。入札触れの事例を一つだけあげておこう。

覚え

北野天満宮御修復入札これあり候ニ付、来ル廿五日より六月三日までのうち、堀川通《ほりかわどおり》一条上ル町小出伊勢守《こいでいせのかみ》屋敷江、望みの売人、家持請人《いえもちうけにん》召し連れ参り、根帳《ねちょう》写し取り申すべく候、札ひらき候儀は伊勢守家来《けらい》より指図《さしず》これあるべく候、以上、

辰五月廿三日

京都町奉行からだされたこのお触れは、一七〇〇年の北野天満宮修復入札に

かかるものであり、内容は来たる二十五日より六月三日までのあいだに、京都堀川通一条上ル町の小出伊勢守の屋敷へ、入札を望む者は、家持の請人をつれ、そこで仕様書である根帳を写しとって入札するように、札を開くことについては伊勢守の家来から指図があるであろう、というものである。なお小出伊勢守は、このときの北野天満宮修復奉行を命じられた園部《そのべ》藩主小出英利《ひでとし》▲のことである。

元禄の金銀改鋳にかかわるお触れは、江戸同様京都でも多くだされている。全国令であった銀子・銭の御蔵元払いに関するお触れのほか、貨幣改鋳にともなう悪金銀取扱い、三分一銀納方法、金銀・銭相場、金通用とそのやりとりを指示したものがみえる。

このほかの京都の町にだされたお触れの概要をあげておこう。投げ火監視を含めて火の用心に関するお触れが四通、質屋商い、町中への拝借米に関するものがそれぞれ二通、長崎諸式入札人の請合手形提出、鍮泥《ちゅうでい》取引、富にことよせ博奕《ばくち》同然の仕形《しかた》禁止、所司代《しょしだい》町奉行への出礼停止、茶立女《ちゃたておんな》・遊び女などの統制、辻相撲《つじずもう》停止、酒運上《うんじょう》銀の納付、「かたり言」申す族《やから》の吟味、寺院坊舎の女人禁

▼**小出英利**　一六五九〜一七一三。丹波《たんば》園部藩主。

制、礫打《つぶてう》ち・芝居野郎・茶立女の統制、町中家屋敷売買の節町内への出銀、金銀箔の使用制限などを内容としたものがある。

③――「お触れ」誕生まで

お触れに先行する高札

古い時代はともかく、江戸《えど》時代直前の状況をみると、お上《かみ》、支配者の政策や意向を庶民に伝える手段の中心は高札《こうさつ》であった。織田信長《おだのぶなが》▲の政策としてよく知られる楽市令《らくいちれい》は、高札としてだされた。一五六七（永禄《えいろく》十）年十月に美濃加納《みのかのう》に立てられた。高札の本文をあげよう。

定め　　楽市場

一当市場に越居《こしおる》の者、分国《ぶんこく》の往還煩《わずら》いあるべからず、幷《ならび》に借銭・借米・地子《ちし》・諸役《しょやく》免許せしめおわんぬ、譜代相伝《ふだいそうでん》の者たりと雖《いえど》も違乱《いらん》あるべからざるの事、

一押買《おしかい》・狼藉《ろうぜき》・喧嘩《けんか》・口論《こうろん》すべからざるの事、

一理不尽《りふじん》の使《つか》い入るべからず、宿《やど》をとり非分《ひぶん》申し懸《か》くべからざるの事、

右条々、違犯《いはん》の輩《やから》においては、速《すみ》やかに厳科《げんか》に処すべき者なり、仍《よ》って下知《げち》件《くだん》の如《ごと》し、

▼**織田信長**　一五三四〜八二。一五六〇（永禄三）年今川義元《いまがわよしもと》を桶《おけ》狭間《はざま》で討ち、六七（同十）年斎藤氏を滅ぼし岐阜に本拠を移す。一五六八（永禄十一）年足利義昭《あしかがよしあき》を奉じて上洛《じょうらく》。一五七三（天正元）年義昭を追放。一五八〇（天正八）年本願寺《ほんがんじ》を屈服させ、八二（同十）年武田氏を滅ぼすが、同年本能寺《ほんのうじ》で明智《あけち》光秀《みつひで》に攻められ自刃。

●――楽市場の高札(模造)　この定は，現物の高札が加納円徳寺《えんとくじ》に現存している。

定　　楽市場

一当市場越居之者、分国往還不可
有煩、幷借銭・借米・地子・諸役令免許訖、
雖為譜代相伝之者不可有違乱之事、
一不可押買狼藉喧嘩口論事、
一不可理不尽之使入、執宿非分不可懸申事、
右条々、於違犯之輩者、速可処厳科者也、
仍下知如件、

永禄十年十月　日　(信長花押)

永禄十年十月　日　（信長花押《かおう》）

この高札は、信長が美濃の斎藤《さいとう》氏を追った直後に美濃加納の地に立てたものである。第一条で、「当市場」に来住する者に対し、信長の領国《りょうごく》内での往還を保証し、かつ借銭・借米・地子・諸役を免許し、譜代相伝の者であっても違乱を申しかけてはならないとし、第二条では、押買・狼藉・喧嘩・口論を禁じ、第三条で理不尽の使いが市場にはいり、宿をとって非分を申しかけることを禁じ、最後にこれらの条々に違犯する者については速やかに処罰すると宣言している。こうした形で高札がだされた背景には、この高札が戦乱後の市場復興策・強化策としてなお住民組織が十分に形成されていなかったためであるとされている。同様の高札が秀吉《ひでよし》によって一五八〇（天正《てんしょう》八）年正月に播磨三木《はりまみき》にも立てられている。支配者の意思や政策の伝達という側面からみれば、どちらも不特定多数をその対象としたものである。

秀吉時代の高札もかなりの数が知られているが、その一例として近江《おうみ》の大津《おおつ》に立てられた高札をあげよう。

定め

一当津荷物諸旅人、入船にのせまじき事、
一当所へ役儀つかまつらざる船に、荷物旅人のせまじき事、
一他浦にてくじ(公事)船にとられ候《そうら》は丶、此方へ申し上ぐべく候《そうろう》、かたく申し付くべく候、
一公事《くじ》船にめしつかい候とき、あげおろしの儀、せんどう(船頭)とも仕るまじき事、
一家中《かちゅう》のもの下にて船めしつかい候儀、曲事《くせごと》に候、もし船つかい候はんと申すもの候は丶、此方へ申し上ぐべき事、
右の旨、相そむくともがらあらば、成敗を加うべきものなり、
文禄《ぶんろく》四年九月十一日
大津侍従(花押)

一五九五(文禄四)年九月、あらたに大津を支配することになった大津侍従すなわち京極高次《きょうごくたかつぐ》▲が大津湊《みなと》にだした定めである。第一条は、大津での荷物・諸旅人を大津以外からきた船には乗せてはならないとしたもので、大津百艘船《ひゃくそうぶね》の特権を保障したものである。第二条は大津での役儀を果たさない船には荷物・旅人を乗せないこと、第三条は琵琶湖《びわこ》の他の浦で領主から公事の船に徴発され

▼**京極高次**　一五六三〜一六〇九。安土桃山《あづちももやま》・江戸初期の大名。一五九五(文禄四)年から一六〇〇(慶長五)年まで近江大津城主。その後若狭《わかさ》小浜《おばま》藩主となる。

●―大津湊の高札

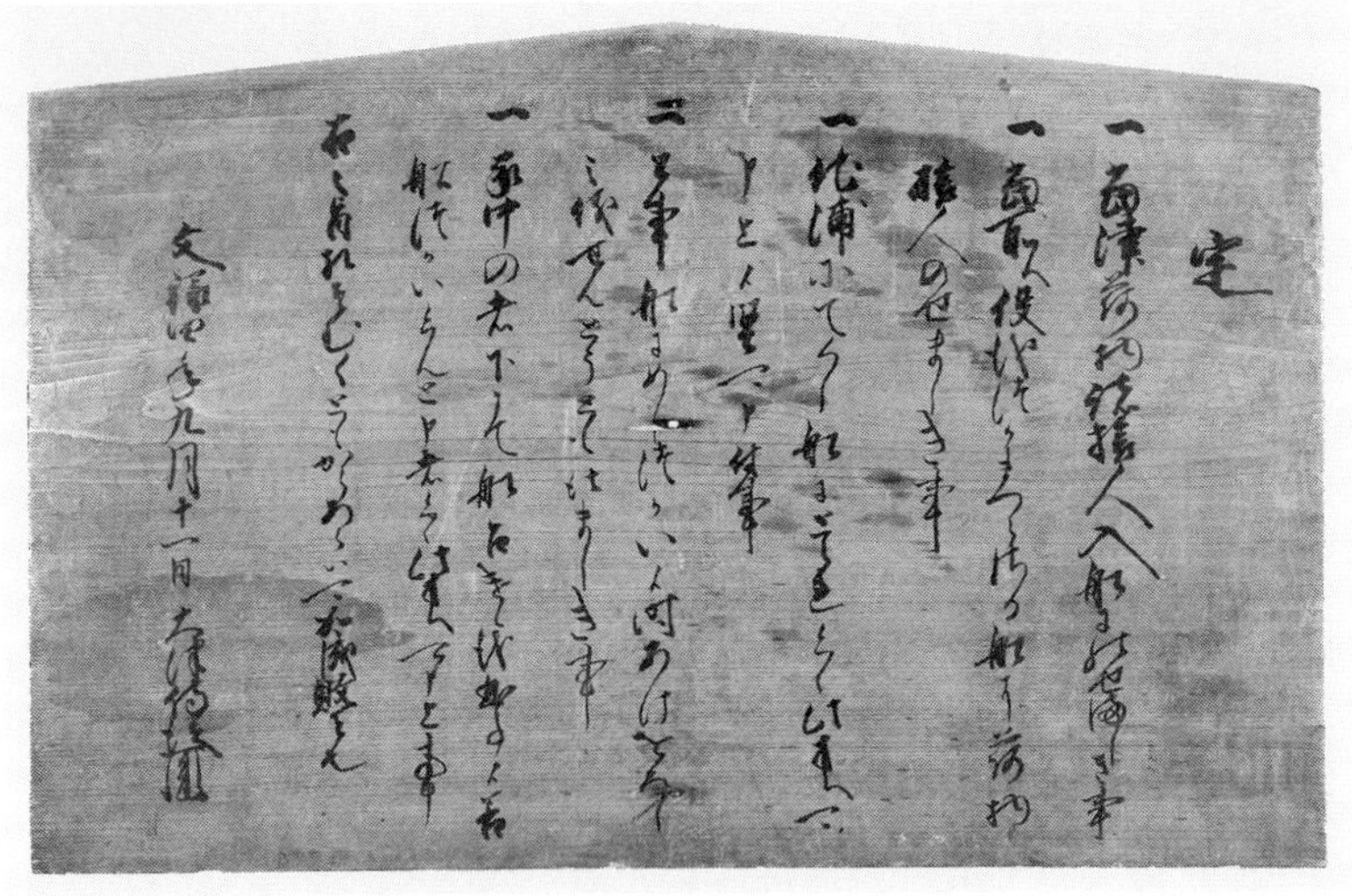

定
一当津荷物諸旅人、入船にのせましき事、
一当所へ役儀つかまつらさる船に、荷物
旅人のせましき事、
一他浦にてくし船にとられ候はゝ、此方へ可
申上候、堅可申付候、
一公事船にめしつかい候時、あけをろし
之儀、せんとうとも仕るましき事、
一家中の者下にて船召遣候儀、曲事候、若
船つかい候ハんと申者候ハヽ、此方へ可申上事、
右之旨、相そむくともからあらハ、可加成敗者也、
文禄四年九月十一日　　大津侍従(花押)

たときは、このほうへ知らせること、第四条は、公事船に召し使うときには荷物の上げ下ろしは船頭が行わないこと、第五条は、家中の者が船を召し使うことを禁ずるとしたものである。

この高札をはじめて立てたのは、秀吉の奉行《ぶぎょう》である浅野長吉《あさのながよし》▲であるが、その後も領主や幕府《ばくふ》直轄地となったあとは歴代の代官《だいかん》も同趣旨の高札を立てた。

こうした高札は、その地を支配する者が、その地に住み、また訪れる不特定の人びとにみずからの命令や政策を明示するために立てられた。

老中奉書をともなう高札

江戸時代になっても、江戸城の堀に塵芥《じんかい》をすてることを禁じた高札や、各宿駅《しゅくえき》での駄賃などを記した高札など、こうした性格の高札は引き続き立てられていくが、これに加えて幕府の直接支配がおよばない大名《だいみょう》領に対しても高札を立てることを求めるようになる。

まずその一例を撰銭《えりぜに》▲に関する高札についてみることにしよう。中世後期から近世初頭にかけてさまざまなところで撰銭を禁ずる高札が立てられたが、当初

▼**浅野長吉**　一五四七～一六一一。豊臣氏五奉行の一人。のち長《なが》政《まさ》と改名。一五七三(天正元)年から大津を支配。一五八七(天正十五)年若狭一国をあたえられ小浜城主。

▼**撰銭**　銭貨の授受の際に悪銭の請取りを拒否し、精銭《せいせん》による支払いを求める行為。

はその地を支配する者がそれを立てた。ところが江戸時代になると幕府の方針を広く浸透させるために高札を大名にも立てさせるようになる。たとえば一六一六（元和《げんな》二）年には、幕府は撰銭令をだすが、それを浸透させるためにみずから支配する地域だけでなく大名領をも対象に高札を立てさせた。その手続きは、まず将軍の意を奉じた幕府老中《ろうじゅう》・勘定頭《かんじょうがしら》の連署《れんしょ》する奉書《ほうしょ》を大名などにだし、高札を領内に立てるよう命じた。その連署奉書では、びた銭を米・大豆の売買に使用するよう、また六銭以外は納入銭として使用するよう命じるとともに、「高札の案文《あんもん》」を別につかわすのでそれを高札として領内に立てるよう求めている。つぎに掲げるのがその高札の案文である。

定め

一大かけ（欠）
一われ（割）銭
一かたなし（形無）
一ころ銭
一新悪銭

一　なまり（鉛）銭

右六銭のほかは御蔵《おくら》へも納め候あいだ、ゑらぶべからず、金子《きんす》一分《ぶ》に一貫文《かんもん》の売買たるべし、もしかの六銭のほか撰ぶもの、ならびに押してつかふものこれ有らば、糺明《きゅうめい》の上、その面に火印をおすべきもの也、

元和二年五月十一日

内容は、大きく欠けた銭をはじめとする六銭以外は御蔵へもおさめるので撰んではいけない、また金一分＝銭一貫文（金一両＝銭四貫文）の比価とする、もしこの六銭のほかを撰ぶもの、また無理にこの六銭を使う者があれば、糺明のうえ、その者の面（顔）に火印を押す、というものである。

キリシタン禁令

もう一例をあげよう。それは江戸幕府がだした高札のなかでもっともよく知られているキリシタン禁令である。江戸幕府がキリシタン禁制を始めたのは、一六一二（慶長《けいちょう》十七）年のことである。この禁制は諸大名に「国々御法度《くにぐにごはっと》」と受け止められたが、大名に対しては家康《いえやす》▲が駿府《すんぷ》でキリシタンであることを理由に改《かい》

▼**徳川家康**　一五四二～一六一六。一六〇三（慶長八）年将軍宣下《せんげ》を受け、一六〇五（同十）年その職を秀忠に譲り、〇七（同十二）年駿府城を拡張し居城とする。

易《えき》した侍《さむらい》の召抱えと領内居住の禁止とを求めた老中奉書がだされただけで、そこでは大名領内でのキリシタン取締りについては言及されてはいない。

　翌年十二月十九日、幕府は、大坂の豊臣《とよとみ》氏との対決をひかえ、キリシタン取締りの強化のために老中の一人である大久保忠隣《おおくぼただちか》▲を京都に派遣した。ついで二十三日、金地院崇伝《こんちいんすうでん》▲の起草した伴天連《バテレン》追放文を将軍秀忠《ひでただ》▲の朱印状《しゅいんじょう》をもって公布し、キリシタン禁制が「日本国中の諸人」を対象とした天下の法度であることを宣言するが、この時点でも大名への直接の働きかけはみられない。

　大名に直接キリシタンの取締りを求めたのは一六一六(元和二)年八月八日付の島津家久《しまづいえひさ》▲に宛てた老中奉書が最初である。この奉書は、これまで十七世紀の中ごろにできた『御当家令条《ごとうけれいじょう》』をはじめとする法令集では宛名を欠いたまま収録され、全国を対象としてだされたもののごとく理解されてきた。しかし、現在島津家久宛のものが唯一のものであり、この奉書の主文がポルトガル船・イギリス船の長崎・平戸《ひらど》廻送を求めたものであることからすれば、広くとも九州大名に限られてだされたものと考えられる。この点はともかく幕府のキリシタン禁制が老中奉書をもってはじめて大名に示されたのである。

▼**大久保忠隣**　一五五三〜一六二八。江戸初期の幕府年寄《としより》(老中)。秀忠の年寄(老中)として幕政《ばくせい》を担う。一六一三(慶長十八)年キリシタン取締りのため京都にいくが在京中に改易される。改易後、近江栗太《くりた》郡中村《なかむら》に蟄居《ちっきょ》。

▼**金地院崇伝**　一五六九〜一六三三。以心《いしん》崇伝とも。臨済宗《りんざいしゅう》僧侶。一六〇八(慶長十三)年家康に仕え、幕府外交文書の起草に従事したほか、寺社行政を中心に幕政に深く関与する。

▼**徳川秀忠**　一五七九〜一六三二。江戸幕府二代将軍。家康の三男。一六〇五(慶長十)年に将軍となり、一六二三(元和九)年その職を家光に譲る。

▼**島津家久**　一五七六〜一六三八。薩摩藩初代藩主。

●──1661(寛文元)年のキリシタン高札

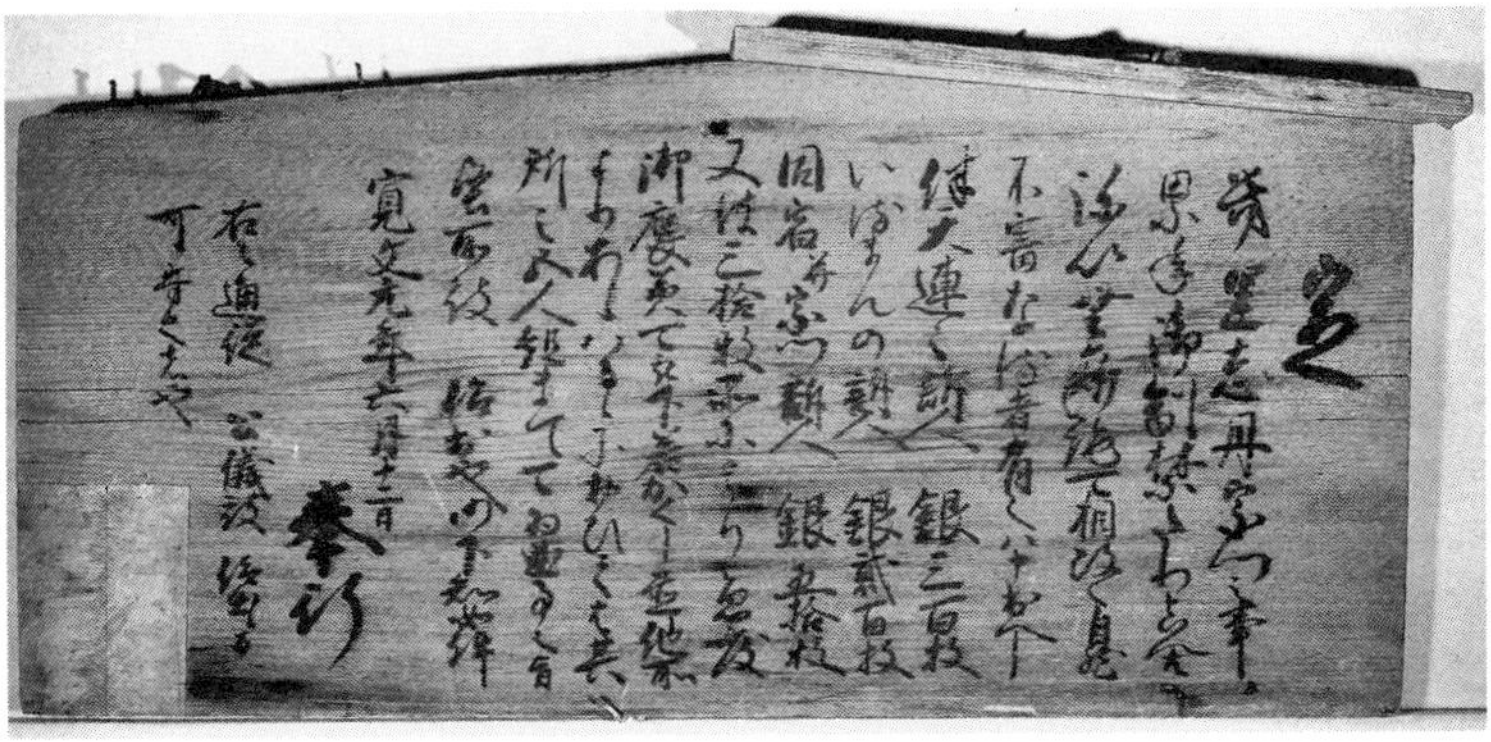

定
幾里志丹宗門之事、
累年御制禁たりといへ共、
弥以、無断絶、可相改之、自然
不審なる者有之ハ、申出へし、
伴天連之訴人　　銀三百枚
いるまんの訴人　銀弐百枚
同宿幷宗門訴人　銀五拾枚
又は三拾枚、品により、急度
御褒美可被下、若かくし置、他所
よりあらハるゝにおひては、其
所之五人組まて可為曲事之旨、
堅所被　仰出也、仍下知如件、
寛文元年六月十二日
奉行
右之通、従　公儀被　仰出候間
可守之者也、

幕府のキリシタン取締りは、その後熾烈《しれつ》をきわめ、九州を中心として大名領でもその取締りは激しさを増すが、大名にその取締りを直接求めたものは一六三五(寛永《かんえい》十二)年までみられない。この年、いまだ断絶していないことを理由にキリシタンの取締りを諸大名に老中奉書をもって命じた。ついで一六三八(寛永十五)年島原《しまばら》の乱《らん》のあと、幕府はふたたび大名に老中奉書をもってキリシタンの取締りを命じるとともに、キリシタン訴人への褒美の書付《かきつけ》を諸大名に公布した。その書付というのは次のようなものであった。

覚え
一ばてれん(伴天連)の訴人　銀子二百枚
一いるまん(入満)の訴人　同　百枚
一きりしたん(吉利支丹)の訴人　同　五十枚
又三十枚、訴訟人によるへし
右、訴人いたし候輩は、たとえ同宗たりといふとも、宗旨をころび(転)申し出るにおいては、その咎《とが》をゆるし(赦)、ご褒美お書付のごとく下さるべき旨、仰せ出ださるもの也、

寛永十五年九月十三日

この書付は、岡山藩では高札として領内に立てられた。しかし、このときの諸大名の対応はさまざまであり、多くの領内では高札として立てられなかったようである。その後もキリシタン禁制は、江戸城の殿中《でんちゅう》での申渡しや老中奉書をもって繰り返し大名に伝えられた。

一六五四(承応《じょうおう》三)年正月十三日、幕府は大名たちの江戸留守居《るすい》を召しよせ、家光《いえみつ》から家綱《いえつな》への代替わりを理由に、案文を示し先年のキリシタン高札の立替えを命じた。この命によってこれまで高札のなかった領内にもキリシタン高札が立てられ、幕府のキリシタン禁制の大名領内への直接的浸透が実現する。

そしてその後しばらくは年号のかわるたびに高札が書き改められ、また将軍代替わりごとに派遣された巡見使《じゅんけんし》が、家数の多いところで高札がないところにはそれを立てることを、また文字のみえないものは書き改めることを命じることによって、キリシタン高札は大名領内にも幕府・公儀《こうぎ》の高札として定着した。

寛永末年の飢饉の高札

もう一つ老中奉書をもって大名領内に高札を立てることを求めた事例をあげよう。それは寛永末年の大飢饉《ききん》に際してだされたものである。まず一六四二(寛永十九)年六月二日付の老中奉書の本文をあげよう。

諸国在々所々、去年の耕作損亡《そんもう》について、民間窮困《きゅうこん》の由聞こし召し及ばれ、この上もし当作毛不熟《とうさくけふじゅく》においては土民《どみん》飢えに臨《のぞ》むべく候間、宜《よろ》しく相計らうべきの旨上意候、自然《しぜん》右の趣、百姓《ひゃくしょう》等これを伝え承り、秋の所務《しょむ》に難渋《なんじゅう》せしめば、曲事たるべく候、これにより高札の符案《ふあん》差添えこれを遣わし候、領内にこれを立てられ尤《もっと》もに候、恐々謹言《きょうきょうきんげん》、

六月二日

阿部対馬守《あべつしまのかみ》
重次《しげつぐ》(花押)
阿部豊後守《ぶんごのかみ》
忠秋《ただあき》(花押)
松平伊豆守《まつだいらいずのかみ》
信綱《のぶつな》(花押)

細川肥後守《ほそかわひごのかみ》殿

●細川光尚宛老中奉書

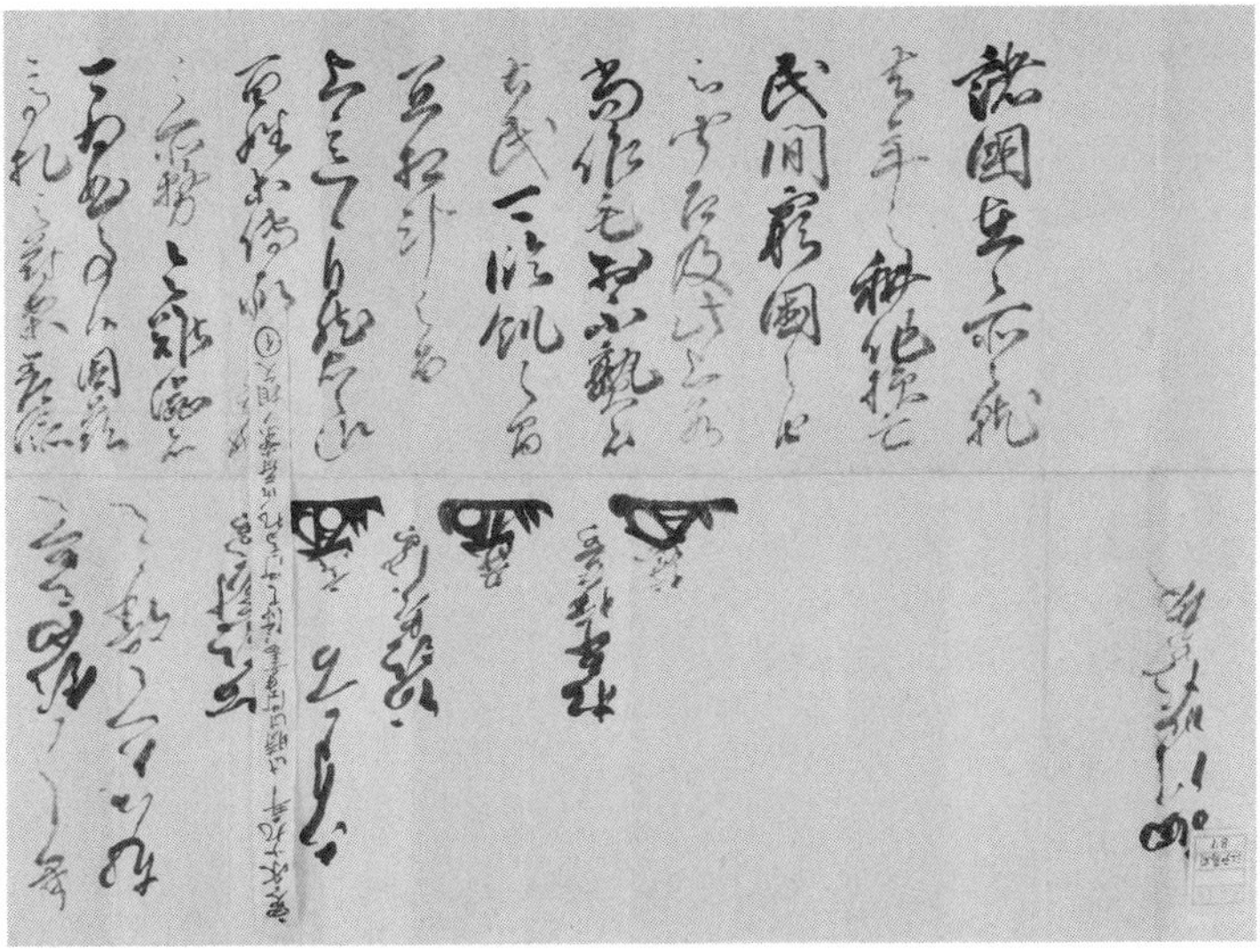

諸国在々所々、就
去年之耕作損亡
民間窮困之由
被聞召及、此上若
当作毛於不熟者
土民可臨飢候間、
宜相計之旨
上意候、自然右之趣、
百姓等伝承之、秋
之所務令難渋者、
可為曲事候、因茲
高札之符案差添

折り目

遣之候、領内被立之
尤候、恐々謹言、
六月二日
阿部対馬守
重次（花押）
阿部豊後守
忠秋（花押）
松平伊豆守
信綱（花押）
細川肥後守殿

差出《さしだし》の阿部重次▲・阿部忠秋▲・松平信綱▲は当時の幕府老中、宛名の細川肥後守は熊本藩主細川光尚《みつなお》▲のことである。内容は、諸国在々所々で昨年の耕作が損亡の状況にあり、民が困窮していると将軍家光のお耳にもはいった、このうえもしも当年の作が不熟となっては民は飢えるであろうから、よろしく取りはからうようにとの上意《じょうい》である、右の趣きを百姓らが伝えうけたまわり、秋の所務（年貢《ねんぐ》納入）に難渋するようなことがあれば曲事である、これにより高札の案文をつかわすので、領内にこれを立てるように、というものである。この奉書にみえる「高札の符案」とは次のようなものである。

諸国在々所々田畠荒れざるように精を入れ、耕作すべし、もし立毛《たちげ》損亡これなきところ申し掠《かす》め、年貢など難渋せしむ族《やから》これあるにおいては、曲事たるべきもの也、

六月　日

内容は、田畑が荒れないように精をいれ耕作するように、もし作毛に損亡がないにもかかわらずそれを申し掠め、年貢などを難渋する者は、曲事である、というもので、百姓に直接語りかけるものであった。

▼**阿部重次**　一五九八～一六五一。一六三八（寛永十五）年から死去するまで老中。武蔵岩槻《いわつき》藩主。

▼**阿部忠秋**　一六〇二～七一。一六三四（寛永十一）年から六六（寛文六）年まで老中。武蔵忍《おし》藩主。

▼**松平信綱**　一五九六～一六六二。一六三四（寛永十一）年から死去するまで老中。武蔵川越《かわごえ》藩主。

▼**細川光尚**　一六一九～四九。細川忠興《ただおき》（三斎）の長男。肥後熊本藩主。

こうして、大名領にも幕府の意思が老中奉書をともなって高札という形で浸透するようになる。

無名のお触れ

次ページの写真は、一七〇〇(元禄十三)年九月に幕府老中阿部《あべ》正武《まさたけ》の屋敷で磐城《いわき》平《たいら》藩内藤《ないとう》氏の江戸留守居が受けとった酒造制限に関する幕令《ばくれい》の原本である。この幕令は、さきに述べたように万石《ごく》以上、以下にかかわらず全国に触れだされたものである。まず形式に注目すると、最初に「覚《おぼえ》」(覚は江戸時代法令のだされる場合のもっとも一般的な書出しである)とあり、ついでお触れの本文が、最後に日付が記されている。しかし、そこにはお触れをだした主体の名もその宛所も記されていない。以下こうした差出も宛名《あてな》もないお触れを「無名のお触れ」と呼ぶことにする。

ところで差出も宛名もない文書が意味あるものとして機能するには、その伝達方法への配慮が必要であるとともに、法令を受けとる側に対してお触れをだす側の圧倒的な優位性がなくてはありえない。いいかえればこのような形式で

●──無名のお触れ（「内藤家文書」）　このとき，磐城平藩内藤家に渡されたお触れの現物が，明治大学博物館に残されている。写真のように差出者も宛名もみえない。

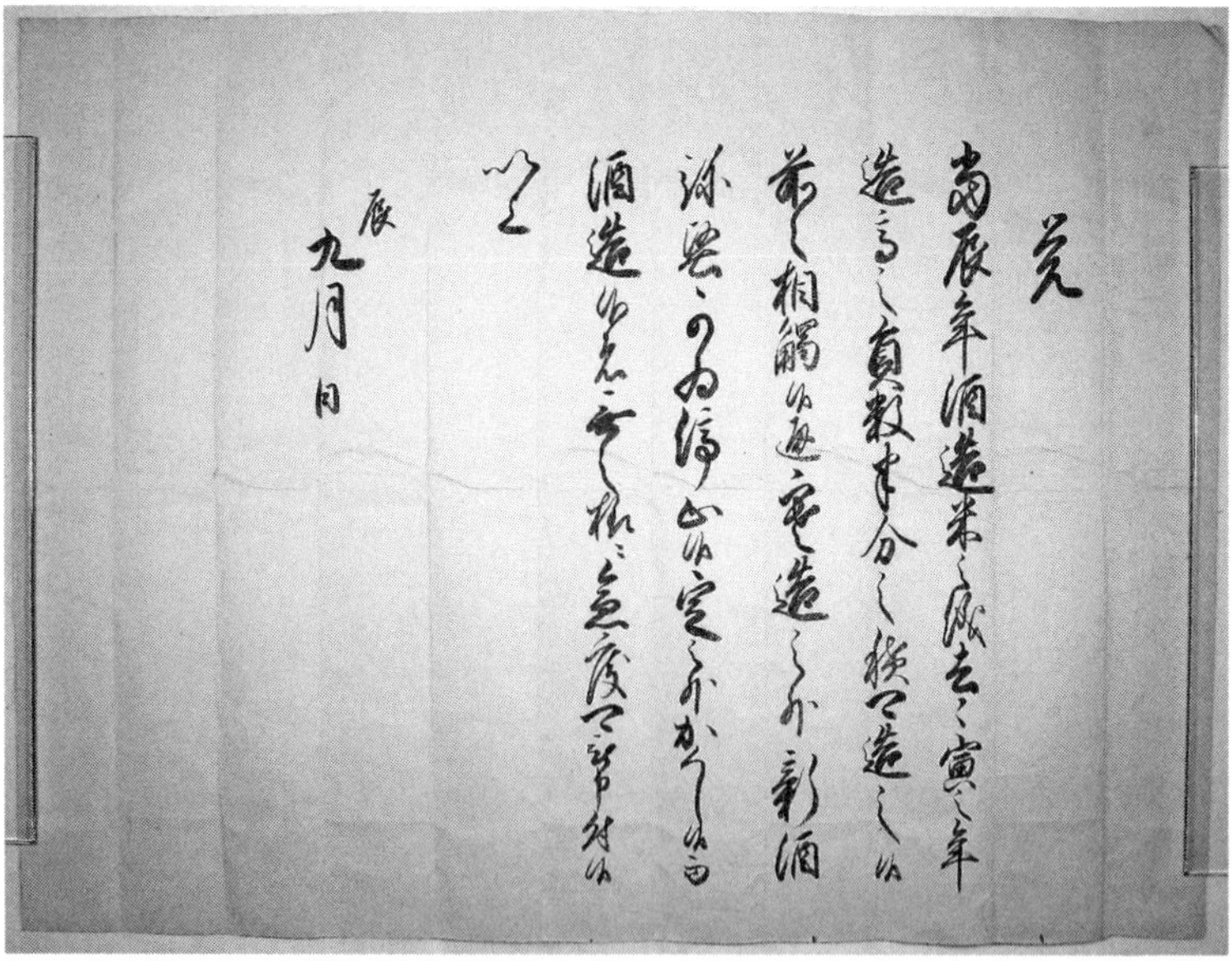

覚

当辰年、酒造米之儀、去々寅之年
造高之員数半分之積、可造之候、
前々相触候通、寒造之外新酒
弥堅可為停止候、定之外かくし候而、
酒造候者無之様ニ急度可被申付候、
以上、

辰
九月日

のお触れの発布は、大名以下に対する幕府権力が手にした絶対的な権威の存在を示すものである。しかし、こうした事態は幕府成立の直後から存在した訳ではない。ではどのようにして幕府なり将軍は、お触れの世界でこうした大名に対する優位性や絶対的権威を獲得していったのであろうか。

老中奉書のお触れ

老中奉書をともなう高札によって幕府の政策や意思が大名領内にも浸透するようになるが、高札がともなわない形で大名領内へ幕府の政策や意思を伝える手段として老中奉書が使われた。老中奉書は将軍の意を伝える文書として多く用いられるようになり、軍役《ぐんやく》の賦課、城普請《しろふしん》の許可、参勤《さんきん》時期の連絡、官位叙任《かんいじょにん》の伝達、茶会への招待などことの重要さにかかわらず用いられたが、十七世紀の前半には幕府の法度を伝達する文書としても使用された。まず、その一例をあげよう。

きっと（急度）申し入れ候、たはこ（煙草）吸うの儀、いよいよ御法度に仰せ出され候あいだ（間）、御領分においてたはこ売買、同じく作るの儀、つぶさに（具）もって停

止いたさるべき旨、上意に候条、その御心得なさるべく候、恐々謹言、

六月廿八日

安藤対馬守《あんどうつしまのかみ》重信《しげのぶ》▲
土井《どい》大炊助《おおいのすけ》利勝《としかつ》▲
酒井《さかい》雅楽頭《うたのかみ》忠世《ただよ》▲

島津陸奥守《むつのかみ》殿（家久）

江戸幕府が一六一五（慶長二十）年六月に喫煙と煙草栽培の禁止を薩摩《さつま》藩の島津家久に伝えたものである。たばこについては、幕府は一六〇九（慶長十四）年以来いくども禁令をだしているが、それを法度▲をもって大名に示し大名領内をその対象に含み込んだのはこのときがはじめてである。

ところで「伝えた」と記したが、伝えられるべき法度の条文が別に定められていた訳ではない。禁煙と煙草作付禁止という将軍の意向を前提として、それを伝えるという形式をとったこの老中奉書それ自体がお触れであった。

老中奉書でだされたお触れには、このたばこ禁令と同じ年の閏《うるう》六月にだされ

▼**安藤重信**　一五五六〜一六二一。一六一一（慶長十六）年から死去するまで幕府年寄（老中）。このころ三万石を領する。

▼**土井利勝**　一五七三〜一六四四。一六〇五（慶長十）年から三八（寛永十五）年まで老中。その後大《たい》老《ろう》となる。このころ下総《しもうさ》佐倉《さくら》藩主。

▼**酒井忠世**　一五七二〜一六三六。一六〇九（慶長十四）年ごろから三四（寛永十一）年ごろまで老中。のち上野《こうずけ》厩橋《うまやばし》藩主。

▼**たばこ法度**　たばこ法度やキリシタン禁制を含む一六一二（慶長十七）年の五カ条の条々は、これまで全国令とも考えられてきたが、関東を対象とした法度である。

たいわゆる一国一城令《いっこくいちじょうれい》、一六二一(元和七)年の異国への人身売買・武器輸出の禁止令、三四(寛永十一)年の一般に第二次鎖国令《さこくれい》といわれているもの、三五(同十二)年のキリシタン取締令などがあげられる。ただ注意しなければならないのは、たばこ禁令は慶長二十年閏六月二十六日付の島津義弘《よしひろ》の書状に「たはこの儀、天下御法度の由、諸国へ仰せ出ださるに付」とあるように全国を対象としたものであるが、一国一城令は西国《さいごく》大名を中心にだされたもの、人身売買・武器輸出の禁止令は九州大名を対象にだされたように、対象を限定したお触れでもあった。

こうした点には留意することとして、天下法度としてのたばこ禁令をはじめとする老中奉書のお触れの特徴は、法度の伝達が制定者である将軍から直接なされたのではなく将軍の執政である老中の奉書によってなされた点にある。この奉書という形式は、奉じられた主体である将軍の地位の上昇、裏を返せば伝えられたものの地位の相対的低下につながり、そこにお触れの伝達という側面において将軍権力の権威のいっそうの進展をみることができる。

他方で老中奉書が個々の大名宛にだされたことは、この段階での幕府のお触れの限界でもあった。このたばこ禁令のように庶民を対象範囲に含みながら、お触れは大名への命としてだされ、庶民に直接向けられた形式をもっておらず、そこには大名の裁量の可能性がなお残っている。こうした関係を形式のうえで象徴するのが、老中奉書を受け取った大名から幕府老中に対してだされた請書《うけしょ》である。つぎに掲げたのは、一六三五(寛永十二)年のキリシタン取締りの奉書に対する米沢《よねざわ》藩主上杉定勝《うえすぎさだかつ》▲の請書である。

伴天連ならびに切支丹《キリシタン》宗旨《しゅうし》の儀について八月二十七日の御状披見《ひけん》いたし候、先年よりご法度について領中のかの宗なりのごとく断絶候ように御座候、さりながらいよいよ穿鑿《せんさく》をいたし、自然これあるにおいては、捕え置き急度《きっと》言上《ごんじょう》いたすべく候、恐々謹言、

上杉弾正大弼《だんじょうだいひつ》
定勝

九月十二日

土井大炊頭《おおいのかみ》殿(利勝)
酒井讃岐守《さぬきのかみ》殿(忠勝《ただかつ》)▲
松平伊豆守殿(信綱)

▼**上杉定勝**　一六〇四～四五。景勝《かげかつ》の子。出羽《でわ》米沢藩主。

▼**酒井忠勝**　一五八七～一六六二。一六二三(元和九)年より三八(寛永十五)年まで老中。のち大老となる。若狭小浜藩主。

阿部豊後守殿（忠秋）
堀田加賀守《かがのかみ》殿（正盛《まさもり》）▲

▼**堀田正盛**　一六〇八～五一。一六三四（寛永十一）年より三八（同十五）年まで老中。当時は武蔵川越藩主。

無名のお触れの成立

すでに述べてきたように無名のお触れは、それを伝える老中奉書をともないつつも寛永末年には成立していた。しかし、大名の領内仕置《しおき》にかかわる無名のお触れが、老中奉書から解放され、評定所《ひょうじょうしょ》や老中の役宅で各大名の江戸留守居の手に一通ずつ渡されるようになるのは家光死後の一六五〇年代にはいってからのことである。

それを酒造に関するお触れについてみていこう。一六五八（万治元）年十二月、幕府は作柄が悪いのを理由に諸国での酒造半減令をだした。この法度は、評定所に大名の江戸留守居を召しよせ、幕府の祐筆所で作成されたお触れが一通ずつ渡された。そこには差出者の名も宛所もなく、無名の法度であった。しかし、この法度の条文の最後には「右条々、きっと申し付けらるべきもの也」という文言があり、これが大名への指示という形式がとられており、なお庶民を直接の対象としたものとはなっていなかった。

ところが一六六六(寛文六)年のお触れは、一六五八年のお触れの第一条とほぼ同文ながら最後の文言は姿を消し、大名領ではこの法度がそのままの形で「公儀」よりの法度として領内に触れだされた。

すなわち、ここにいたって幕府の法度は、無名のお触れとなることで権威化をとげ、大名ではなく庶民に直接命じるものとなった。

④―お触れの諸相

「田畑永代売買禁止令」――全国令でなかったお触れ

田畑永代売買禁止令《でんぱたえいたいばいばいきんしれい》といえば、どの歴史の教科書にも載せられている江戸《えど》時代の著名な土地法令である。ところが、意外と多くの誤解がこの田畑永代売買禁止令にはある。

まず、田畑永代売買禁止令という名からこの禁令が単独の法令であるかのように思われていることである。しかし、事実はそうではない。

田畑永代売買禁止令は一六四三(寛永《かんえい》二十)年三月にだされた二つの郷村仕置《ごうそんしおき》についての定《さだめ》のそれぞれの一カ条にすぎない。その一つは、同年三月十一日の日付をもち一七カ条からなる「土民仕置《どみんしおき》」と題する郷村仕置令であり、その第十三条には、

　一田畑永代の売買仕るまじき事、

とある。もう一つは、同じ三月にだされた七カ条からなる郷村仕置定であり、その第三条には、

一身上《しんしょう》よ《(能)》き百姓《ひゃくしょう》は田地を買取り、いよいよ《(弥)》宜《よろ》しくなり、身体《しんたい》ならざるものは田畠を沽却《こきゃく》せしめ、なおなお《(猶々)》お身上なるべからず候《そうろう》あいだ、向後《きょうこう》、田畠売買停止《ちょうじ》たるべき事、

とある。ここではまず田畑永代売買禁止令が独立した法度《はっと》でなく、いずれも郷村仕置定の一カ条にすぎなかったことを確認しておこう。

さて、この田畑永代売買禁止令を含むこれらの法令は、はたして全国を対象としたものだっただろうか。教科書的にはそうである。しかし、結論からいえば、前者は幕府《ばくふ》領・旗本《はたもと》領をあわせた関東地域を対象としたものであり、後者は幕府領おそらく関東の幕府領を対象としたものであり、いずれも全国を対象としたものではない。

田畑永代売買禁止令が全国を対象としたものでないことを明らかにするためには、相当の予備知識と論証とが必要であるが、ここでは要点だけを述べることにしよう。まず前者の「土民仕置」からみていこう。当時にあっては旗本を意味した「地頭《じとう》」の語が第一条に「地頭・代官《だいかん》の差図を請け」とみえ、また前年に大《だい》名《みょう》を対象にだされた郷村仕置定には「諸国在々所々」とあるところがこの法令で

は「在々」あるいは「在々所々」とあり、さらに上方にだされたこの時期の幕令には同文はいうまでもなく別の形での田畑永代売買禁止の条文をもつものもみられない。こうした点から、この「土民仕置」は全国を対象としたものではなく、この時期にしばしばみられる関東地域を対象とした法令の一つとするのがもっとも妥当であろう。

七カ条の法令は、第一条に「毎年春夏、面々御代官所へあい越し」とあることから、幕府領を対象としたものであることは明確であり、この法度も全国を対象としたものではなかった。なお、各地の大名が残した古文書《こもんじょ》や記録のなかにこれらの法度をみいだすことはできない。

この二つの郷村仕置定が全国令でないことは、いうまでもないが田畑永代売買禁止令が全国令でないことを意味する。全国各地に残された古文書のなかに「永代売渡申田地之事」などと題する田畑永代売買の証文が、この禁令以降も多く残っているのはこれが理由である。

全国令となった田畑永代売買禁止令

では、一八七二(明治五)年、明治政府が田畑永代売買禁止令を廃止したのはなぜだろうか。

一六四三(寛永二十)年には、すでに述べたようにこの田畑永代売買禁止令は関東地域を対象としたものにすぎなかった。ところが一六八七(貞享《じょうきょう》四)年四月、幕府は質にとった田地の年貢《ねんぐ》納入についての規定とともに、「田地永代売買、この以前仰せ出だされ候とおり、いよいよもって制禁の事」というお触れを全国に向けてだした。

このお触れには正確にいえば「田畑」ではなく「田地」とあるが、ともかくこのお触れをもって田畑永代売買は全国令となった。しかし注意しなければならないのは、このお触れの主旨は、第一条目におかれた質入れされた田地の年貢納入方法にあったのであり、田畑永代売買禁止令はそれに従属してだされたにすぎなかった点である。それを間接的に示すものとして、幕府が田畑永代売買禁止令をもって処罰したのは、直接この禁令に触れた場合ではなく、他の訴訟にかかわって田畑永代売買の事実が明らかになった場合に限られており、その傾向は時代が進むにつれて強くなっていった。

一六八七年の法度を遵守した大名も多くあったが、それに従わない大名もあった。石井良助氏や服藤弘司氏らが明らかにされたように、水戸《みと》藩徳川《はんとくがわ》氏、紀《き》州《しゅう》藩徳川氏、加賀《かが》藩前田《まえだ》氏、広島藩浅野《あさの》氏、南部《なんぶ》藩南部氏、延岡《のべおか》藩内藤《ないとう》氏などは、その取扱いに差がみられるものの、田畑の永代売買を認めていた。

こうした事態が生じた背景には、すでに指摘したように幕府自身がその摘発に熱心でなかったことと、大名領では藩体制が確立してすでに一世紀近くがたち、その地域独自の土地制度・慣行が動かしがたいものとなっていたことがあったものと思われる。

「慶安御触書」は一六四九年にでたか

一九九〇年代までの中学・高校の歴史の教科書では、江戸時代の農政や百姓の生活のようすを知る史料として「慶安《けいあんの》御触書《おふれがき》」を取り上げないものはなかった。現在は教科書から姿を消すか、「百姓への御触書」「百姓の生活心得」と表現を変えて使われている。

いわゆる「慶安御触書」は、従来、一六四九〈慶安二〉年に江戸幕府が百姓を対象にだしたお触れ書とされ、江戸時代の農政を知るうえでもっとも重要な法令として、中学・高校の日本史の教科書はいうまでもなく、通史的に日本の歴史を叙述した書物には必ず取り上げられてきた。

近世史研究での評価は、教科書とは少しニュアンスを異にするが、そこでは農民の生産や労働のあり方にまで領主《りょうしゅ》が介入した点が注目され、寛永飢饉《ききん》をへて領主階級の目が農民の経営内容にまでおよぶようになり、「夫婦かけむかいの百姓」を基礎におく小農民維持策を基調とした農政が本格的に開始されたとされてきた。

ところが、この「慶安御触書」は、八代将軍吉宗《よしむね》が編纂させた幕府の法令集『御触書寛保集成《かんぽうしゅうせい》』▲(一七四四〈延享《えんきょう》元〉年完成)にも、江戸時代前期の幕府法令集『御当家令条《ごとうけれいじょう》』▲などにも、さらに当時の幕府法令を藩や村で書き留めた触留《ふれどめ》などにもみいだすことはできない。一方、「慶安御触書」の名でこのお触れ書が姿をみせるのは、美濃《みの》岩村《いわむら》藩でこの名で版行された一八三〇〈天保《てんぽう》元〉年のことであり、また〇九〈文化《ぶんか》六〉年に着手され四三〈天保十四〉年に完成する幕府の正史《せいし》『徳

▼**『御触書寛保集成』**　八代将軍徳川吉宗が編纂させた江戸幕府の法令集(一七四四年完成)であるが、そこには、武家《ぶけ》諸法度、高札《こうさつ》、老《ろう》中奉書《じゅうほうしょ》なども含まれており、当時の「御触書」という言葉はかなり広く用いられていた。

▼**『御当家令条』**　十六世紀末から十七世紀にわたる幕府の法令をおさめる私撰の法令集。

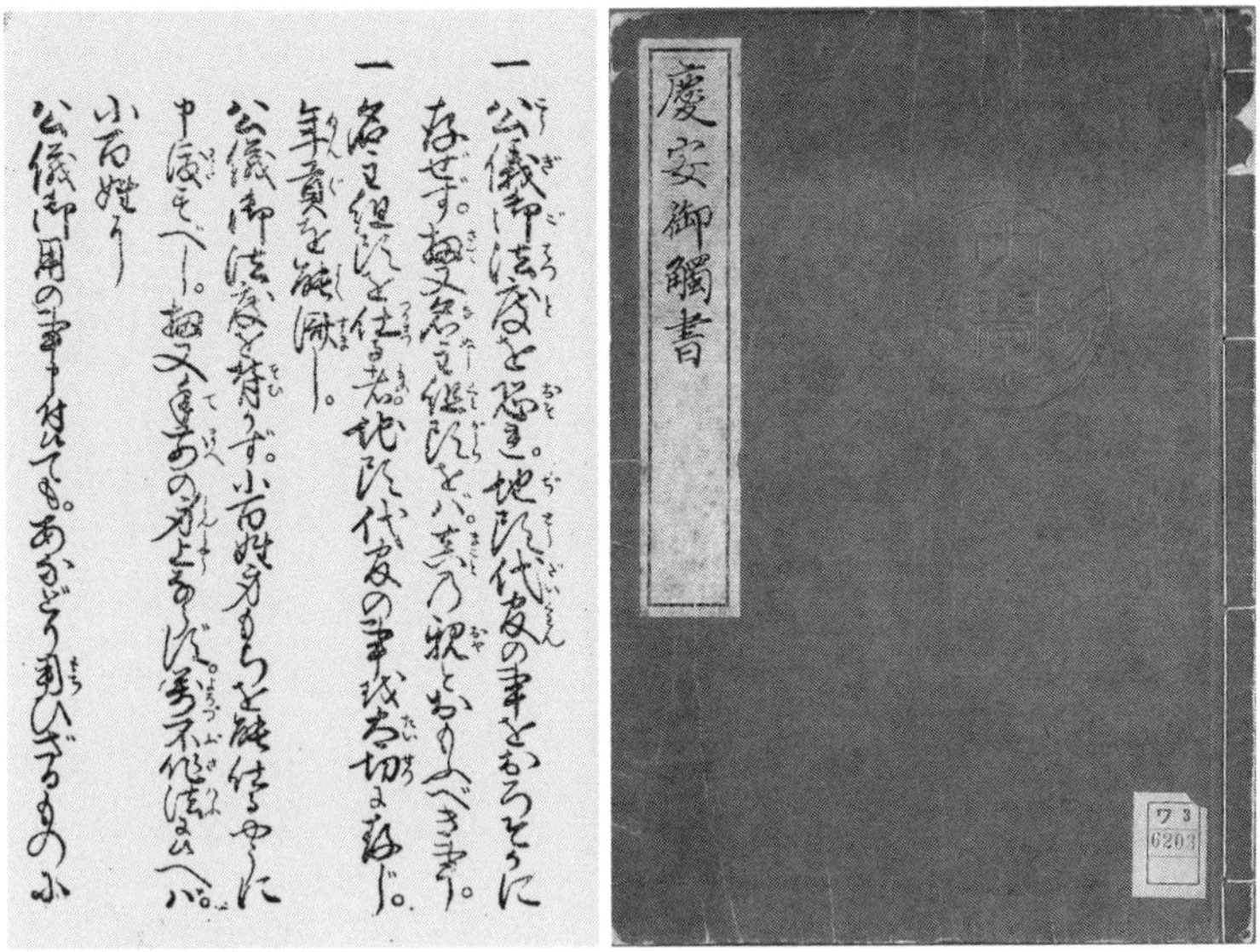

●──「慶安御触書」

●──林述斎

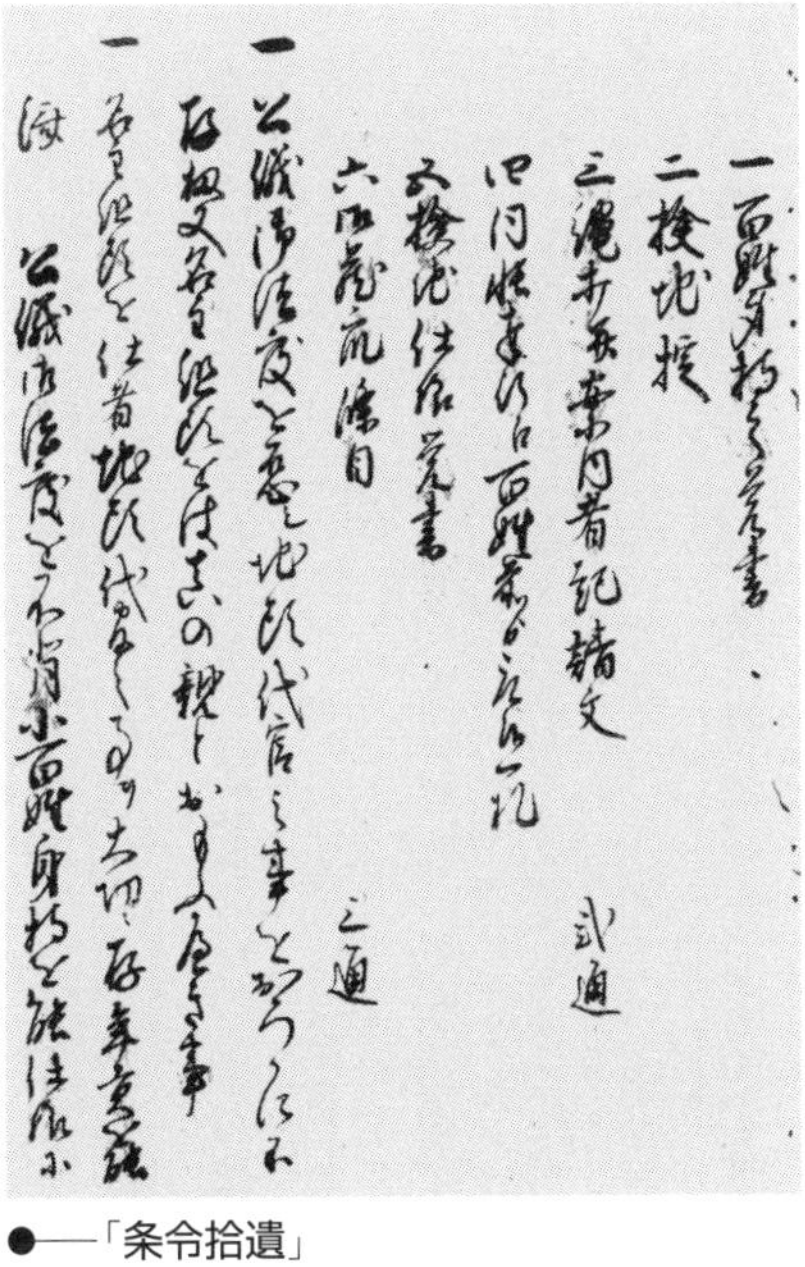

●──「条令拾遺」

▼『徳川実紀』　徳川家康《いえやす》から十代家治《いえはる》までの歴代将軍の事歴を中心に人事・行事・法令などを編纂したもの。一八四三(天保十四)年に完成。五一六冊。

川実紀《じっき》』▲には「慶安御触書」の名はないもののこのお触れ書が引かれ、典拠として「条令拾遺《じょうれいしゅうい》」という史料が示されている。さらに一八九〇(明治二十三)年に刊行された司法省編の『徳川禁令考《きんれいこう》』にもこの「慶安御触書」は収録され、いわば江戸幕府の法令として市民権をえていた。

　こうしたなか「慶安御触書」の存在にはじめて疑問を呈したのは明治後半に『徳川十五代史』の編集に携わった内藤耻叟《ないとうちそう》氏である。氏は、心覚えとして残したメモに「慶安御触書　此《この》触書ハ幕府より出たるにはあらず、領主のふれ書なるべし」と記している。しかしメモであったため、その見解は、近年山本英二氏が紹介するまで学界でも知る人はなかった。

　この問題を本格的に取り上げたのは榎本宗次《えのもとそうじ》氏である。氏は、一九五九(昭和三十四)年に発表された「『慶安御触書』考」という論考でその存在への疑問を詳細に論じた。しかし榎本氏の主張はしばらくのあいだ広く受け入れられることなく推移する。ついで一九九〇(平成二)年、丸山雍成氏は、これまでの「慶安御触書」をめぐる研究史を整理され、そのうえでこの法令は、「おそらく宝暦《ほうれき》～天明《てんめい》期(一七五一～一七八八)の農村構造の変質に直面して、本百姓体制の再編・維持の必要性を身にしみて感じた幕領の特定の代官が、近世初～中期の幕府法令・五人組帳前書《ごにんぐみちょうまえがき》、あるいは特定教諭書などを参酌《さんしゃく》しつつ、新たに農民教諭書（『百姓身持書』）を作成し、これが程なく注目され、修正・増補のうえ、『慶安御触書』と銘打ち流布されたものでないかと推測」された。

この丸山氏の仕事を受けて私は、一般書のなかではあるが、「慶安御触書」は一六四九年にだされたものではなく、教諭書として作成されたもので幕府法令ではなく、さらに『徳川実紀』が根拠とする「条令拾遺」は『徳川実紀』の編者である林述斎《はやしじゅっさい》▲の編んだものであろうと推定した。その後も神崎直美氏がその存在を認める主旨の論考を発表されるが、一九九九（平成十一）年に山本英二氏が『慶安御触書成立試論』を上梓されたことでほぼ結論をえたといえる。その主要な点を以下にあげよう。

(1)いわゆる「慶安御触書」は一六九七（元禄《げんろく》十）年に甲府《こうふ》藩がだした「百姓身持之覚書」を引き継いだもので、幕府の法令ではなく、一六四九年にだされたものでもない。

(2)「慶安御触書」は、『徳川実紀』の編纂を主宰した大学頭《だいがくのかみ》林述斎が、生家で

▼**林述斎**　一七六八～一八四一。江戸後期の儒者《じゅしゃ》。美濃岩村藩主松平乗蘊《のりもり》の子。幕命《ばくめい》で林家《りんけ》を継ぐ。寛政改革《かんせいのかいかく》では幕府の文教・外交政策に深く関与、また『寛政重修《ちょうしゅう》諸家譜《しょかふ》』『徳川実紀』などの編纂事業を推進。

ある美濃岩村藩を指導し、一八三〇年に岩村藩で刊行させたもので、名はそのときのものである。さらにこのとき、この触書は「公儀《こうぎ》」＝幕府のだしたものとされた。

(3)『徳川実紀』が、出典としてあげる「条令拾遺」は、『徳川実紀』の編纂過程で収集されたものであり、そこでの名は「百姓身持之覚書」である。

(4)岩村藩で刊行された「慶安御触書」は、その後、多くの藩で一六四九年にだされた幕府法令として扱われ、領内の農政に利用された。

このように、いわゆる「慶安御触書」を、一六四九年に幕府がだしたものとすることはもはや許されなくなった。その結果、「慶安御触書」が教科書から姿を消すか、近世後期に各地で利用されたことに鑑み、江戸時代の農村法令として限定を付して記述されるようになってきている。

変身したお触れ

つぎにあげるお触れは、生類憐《しょうるいあわ》れみの令が強化されていった一六九七(元禄十)年六月に万石《ごく》以上の大名を対象にだされたものである。

●一六九七（元禄十）年のお触れと変身したお触れ

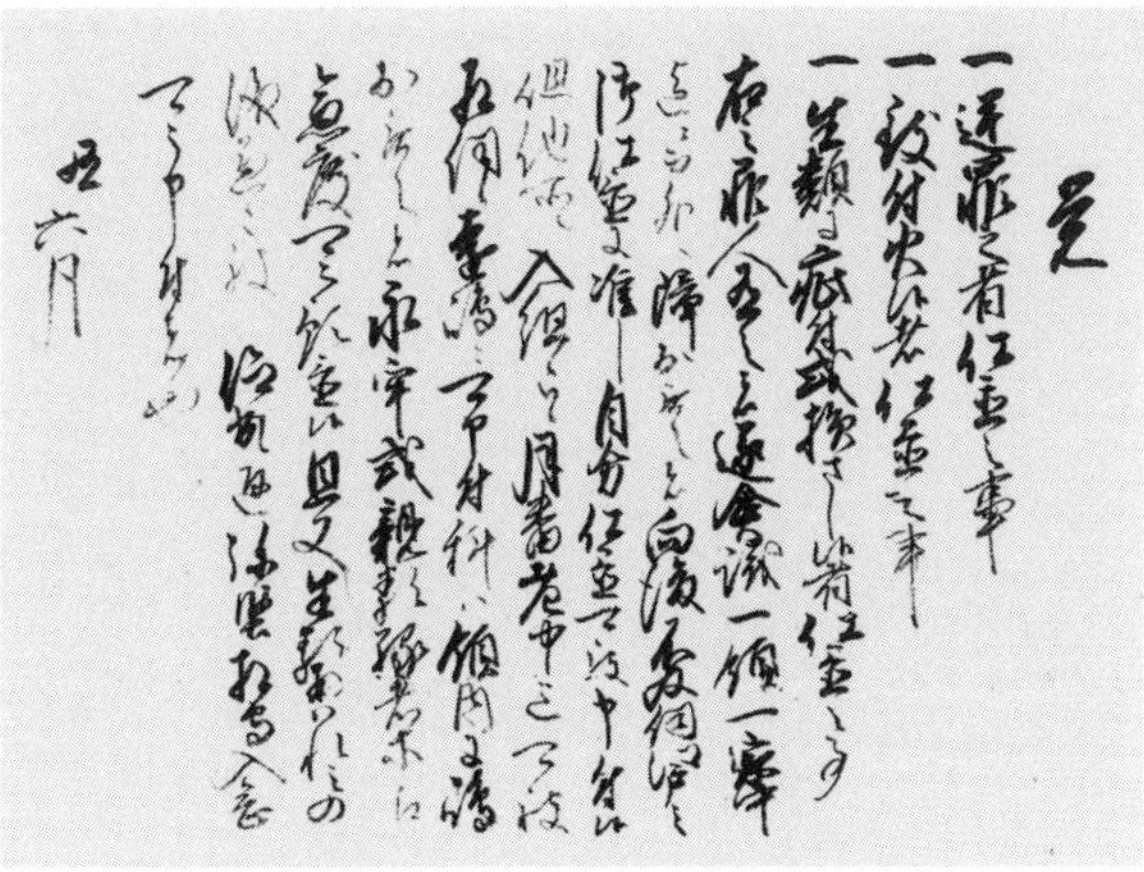

覚

一逆罪之者仕置之事、

一致付火候者仕置之事、

一生類に疵付、或損せし候者仕置之事、

右之罪人有之者、遂僉儀、一領一家中

迄ニ而外へ障於無之者、向後不及伺、江戸之

御仕置に准し、自分仕置可被申付候、

但他所へ入組候ハヽ、月番老中迄可被

相伺候、遠島ニ可申付科ハ領内に島

於無之者、永牢或親類縁者等江

急度可被預置候、且又生類あハれミの

儀、兼々被仰出候通、弥堅相守、入念

可被申付者也、

丑

六月

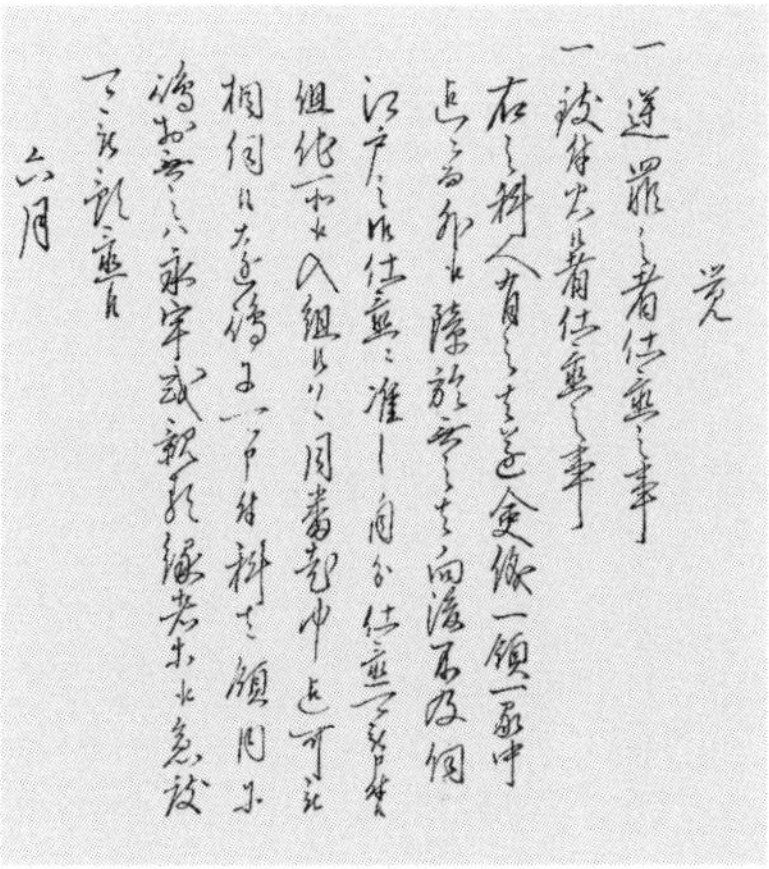

覚え

一逆罪のもの仕置の事、

一付火致し候もの仕置の事、

一生類にきず（疵）付け、あるいは損《そん》せし候もの仕置の事、

右の罪人これあらば、僉儀《せんぎ》を遂《と》げ、一領一家中までにて外へ障《さわ》りこれなきにおいては向後《きょうこう》伺うに及ばず、江戸の御仕置に准じ、自分仕置申し付けらるべく候、ただし他所え入り組み候はば、月番老中《つきばんろうじゅう》まであい伺わるべく候、遠島に申し付くべき科《とが》は領内に島これなきにおいては、永牢《えいろう》あるいは親類縁者等へきっと預け置かるべく候、かつまた生類あわれみの儀、兼ねがね仰せ出だされ候とおり、いよいよ堅くあい守り、念を入れ申し付けらるべきもの也、

丑

六月

第一条の逆罪、第二条の付火の仕置については以前より大名がみずから行ってきたものであり、この時点で取り立てて命じるといった性格のものではなく、

このお触れの眼目は、この時点であらたに発生した第三条の生類を傷つけ損なった者への仕置にあった。第一条の逆罪、第二条の付火は、その仕置の程度を示すために引合いにだされたにすぎない。

ところで、一七四四(延享元)年に完成した幕府の法令集である『御触書寛保集成』にはこのお触れをみいだすことはできない。しかし、いま少し丁寧にみていくと傍線部分が削除されたお触れをみいだすことができる。傍線部分、このお触れの根幹であるまさに生類憐れみに関する部分が削除されているのである。

こうした目で『御触書寛保集成』をみていくと、生類憐れみに関するお触れと生類憐れみに関する箇条とが、すべて、ただし捨て子禁止令を除いて、削除されている。これは一七〇九(宝永《ほうえい》六)年の綱吉《つなよし》死去直後に生類憐れみ政策が停止されたことを受けて、『御触書寛保集成』は編纂段階で生類憐れみ関係の法令・法文をすべて抹殺し、このお触れをあらたなお触れとして定着させたのである。

生類憐れみに関する部分を削除されたこのお触れは、こののち「自分仕置令」と呼ばれるようになる。そして、幕末にいたるまで諸大名から幕府への刑事事件に関する仕置についての問合せのあったときには、幕府はこのお触れを根拠に回答するようになる。もともと生類憐れみの令違反者の仕置のためにだされたものが、大名の刑事裁判権の根拠法令に変身したのである。

集』吉川弘文館, 1990年
水江漣子「町名主」『江戸町人の研究』第 4 巻, 吉川弘文館, 1975年
山本英二『慶安御触書成立試論』日本エディタースクール出版部, 1999年
吉田伸之『近世都市社会の身分構造』第二編「日用層」, 東京大学出版会, 1998年
吉田伸之『伝統都市・江戸』「第七章　江戸町触と『承知』システム」東京大学出版会, 2012年
吉原健一郎「町年寄」『江戸町人の研究』第 4 巻, 吉川弘文館, 1975年
脇田修「田畑永代売買禁令と処罰例」『日本史研究』135, 1973年
〔史料集〕
石井良助編『御当家令条・律令要略』創文社, 1981年
京都町触研究会編『京都町触集成』第 1 巻, 岩波書店, 1983年
近世史料研究会編『江戸町触集成』第 2 巻, 塙書房, 1994年
近世史料研究会編『正宝事録』第 1 巻, 日本学術振興会, 1964年
高柳真三・石井良助編『御触書寛保集成』第三刷, 岩波書店, 1976年
「被仰出之留」内閣文庫蔵
「柳営日次記」内閣文庫蔵

●―写真所蔵・提供者一覧(敬称略, 五十音順)

永青文庫(所蔵)・熊本大学附属図書館(寄託)　p. 73
円徳寺(原本所蔵)・国立歴史民俗博物館(複製所蔵)　p. 61
大津市歴史博物館　p. 64
国立公文書館　p. 32, 41, 89下左, 93下
国立国会図書館　扉, p. 2, 9, 12上, 14, 16下, 19, 24, 30上, 38, 49
国立歴史民俗博物館　カバー表
津山郷土博物館　p. 30下
東京消防庁消防博物館　p. 22
東京大学史料編纂所　p. 89下右
東京都公文書館　p. 10下
徳川美術館所蔵©徳川美術館イメージアーカイブ/DNPartcom　p. 5
徳川林政史研究所　p. 69
日本銀行金融研究所貨幣博物館　カバー裏, p. 12下
明治大学博物館　p. 76, 93上
早稲田大学図書館　p. 16上, 89上

●——参考文献

石井良助『日本法制史概説』創文社, 1948年
石川英輔『大江戸リサイクル事情』講談社文庫, 1997年
宇佐美英機「近世前期京都の触留」『社会科学』39, 1987年
榎本宗次「『慶安御触書』考」『歴史評論』106, 1959年
奥野高廣『織田信長文書の研究』上巻, 吉川弘文館, 1969年
神崎直美「『慶安御触書』再考」『古文書研究』39, 1994年
茎田佳寿子『江戸幕府法の研究』巌南堂書店, 1980年
小島道裕『戦国・織豊期の都市と地域』青史出版, 2005年
五野井隆史『徳川初期キリシタン研究』吉川弘文館, 1983年
清水紘一『キリシタン禁制史』教育社, 1981年
竹安繁治「田畑永代売買禁止令とその意義」『経済研究』16, 1960年
田代和生『近世日朝通交貿易史の研究』創文社, 1981年
塚本学『生類をめぐる政治』平凡社, 1983年
中川学「江戸幕府『鳴物停止令』の展開とその特質—近世前中期における江戸町触を中心に—」『歴史』79, 1992年
中川学「近世京都における『鳴物停止令』の構造とその展開」『東北大学附属図書館研究年報』28, 1995年
南和男「日傭座の機能と日傭人」『日本歴史』126, 1958年(南『江戸の社会構造』塙書房, 1969年に再録)
西山松之助編『江戸町人の研究』第4巻, 吉川弘文館, 1975年
服藤宏司『幕府法と藩法』創文社, 1980年
平松義郎『近世刑事訴訟法の研究』創文社, 1960年
藤井譲治「幕藩制前期の幕令—酒造制限令を素材に—」『日本史研究』170, 1976年(藤井『幕藩領主の権力構造』岩波書店, 2002年に再録)
藤井譲治「元禄・享保の幕令」『論集近世史研究』1976年(藤井『幕藩領主の権力構造』岩波書店, 2002年に再録)
藤井譲治「幕府法令の伝達と都市」『歴史公論』32, 1978年(藤井『近世史小論集』思文閣出版, 2012年に再録)
藤井譲治「『法度』の支配」『日本の近世3　支配のしくみ』中央公論社, 1991年
藤井譲治「『慶安御触書』は慶安二年に出たか」『日本歴史12　江戸開幕』集英社, 1992年
丸山雍成「『慶安御触書』論の推移とその存否をめぐって」『近世近代史論

日本史リブレット85

江戸時代《えどじだい》のお触《ふ》れ

2013年7月25日　1版1刷　発行
2025年10月20日　1版4刷　発行

著者：藤井譲治《ふじいじょうじ》

発行者：野澤武史

発行所：株式会社 山川出版社

〒101−0047　東京都千代田区内神田1−13−13
電話　03(3293)8131(営業)
　　　03(3293)8134(編集)
https://www.yamakawa.co.jp/

印刷所：信毎書籍印刷株式会社

製本所：株式会社 ブロケード

装幀：菊地信義

ISBN 978-4-634-54697-4

日本史リブレット　第Ⅰ期［68巻］・第Ⅱ期［33巻］　全101巻

1 旧石器時代の社会と文化
2 縄文の豊かさと限界
3 弥生の村
4 古墳とその時代
5 大王と地方豪族
6 藤原京の形成
7 古代都市平城京の世界
8 古代の地方官衙と社会
9 漢字文化の成り立ちと展開
10 平安京の暮らしと行政
11 蝦夷の地と古代国家
12 受領と地方社会
13 出雲国風土記と古代遺跡
14 東アジア世界と古代の日本
15 地下から出土した文字
16 古代・中世の女性と仏教
17 古代寺院の成立と展開
18 都市平泉の遺産
19 中世に国家はあったか
20 中世の家と性
21 武家の古都、鎌倉
22 中世の天皇観
23 環境歴史学とはなにか
24 武士と荘園支配
25 中世のみちと都市
26 戦国時代、村と町のかたち
27 破産者たちの中世
28 境界をまたぐ人びと
29 石造物が語る中世職能集団
30 中世の日記の世界
31 板碑と石塔の祈り
32 中世の神と仏
33 中世社会と現代
34 秀吉の朝鮮侵略
35 町屋と町並み
36 江戸幕府と朝廷
37 キリシタン禁制と民衆の宗教
38 慶安の触書は出されたか
39 近世村人のライフサイクル
40 都市大坂と非人
41 対馬からみた日朝関係
42 琉球の王権とグスク
43 琉球と日本・中国
44 描かれた近世都市
45 武家奉公人と労働社会
46 天文方と陰陽道
47 海の道、川の道
48 近世の三大改革
49 八州廻りと博徒
50 アイヌ民族の軌跡
51 錦絵を読む
52 草山の語る近世
53 21世紀の「江戸」
54 近代歌謡の軌跡
55 日本近代漫画の誕生
56 海を渡った日本人
57 近代日本とアイヌ社会
58 スポーツと政治
59 近代化の旗手、鉄道
60 情報化と国家・企業
61 民衆宗教と国家神道
62 日本社会保険の成立
63 歴史としての環境問題
64 近代日本の海外学術調査
65 戦争と知識人
66 現代日本と沖縄
67 新安保体制下の日米関係
68 戦後補償から考える日本とアジア
69 遺跡からみた古代の駅家
70 古代の日本と加耶
71 飛鳥の宮と寺
72 古代東国の石碑
73 律令制とはなにか
74 正倉院宝物の世界
75 日宋貿易と「硫黄の道」
76 荘園絵図が語る古代・中世
77 対馬と海峡の中世史
78 中世の書物と学問
79 史料としての猫絵
80 寺社と芸能の中世
81 一揆の世界と法
82 戦国時代の天皇
83 日本史のなかの戦国時代
84 兵と農の分離
85 江戸時代のお触れ
86 江戸時代の神社
87 大名屋敷と江戸遺跡
88 近世商人と市場
89 近世鉱山をささえた人びと
90 「資源繁殖の時代」と日本の漁業
91 江戸の浄瑠璃文化
92 江戸時代の老いと看取り
93 近世の淀川治水
94 日本民俗学の開拓者たち
95 軍用地と都市・民衆
96 感染症の近代史
97 陵墓と文化財の近代
98 徳富蘇峰と大日本言論報国会
99 労働力動員と強制連行
100 科学技術政策
101 占領・復興期の日米関係